マーフィー博士の

夫婦相談室

＊TPO別　愛のトラブル解決法＊

植西 聰

日本教文社

まえがき――離婚予備軍のみなさまへ

世は大離婚ブーム

平成十一年の離婚件数は、厚生省の調べによると、二十四万九千組だそうです。ということは、なんと約五十万弱の人たちが、この一年間で離婚をした計算になります。平成八年では約二十一万組、同五年では約十九万組……ということなので、これは年々増加傾向にあるわけです。

しかし問題は、離婚の数ではありません。たとえ離婚に至らなくても、最近よく〝家庭内離婚〟といわれる不和・不倫・別居などの〝夫婦間の不和〟まで勘定に入れると、かなりの数になるはずです。

つまり、離婚の数も増加したけれど、潜在的な〝離婚予備軍〟の数も急増中だと考えることができるのです。

ある女性誌が、結婚して五年たった妻一〇〇人を対象にして、ある調査をしたことがあります。それは「現在の夫に対してどう思っていますか?」という質問でした。

これに対して、実に多くの妻が「夫は冷たい」「夫と心が通っていない」「コミュニケーションが全く(ほとんど)とれていない」というような回答をよせてきたそうです。

家庭内離婚の原因は、若い夫婦の場合は、夫のマザコン、セックスレス、不倫、暴力＝ドメスティック・バイオレンス、育児問題……などが一般的です。

熟年夫婦の場合は、ちょっと大変です。その理由が、妻の夫からの精神的独立だからです。夫にしてみれば、仕事仕事で、長年月、家庭や妻をかえりみない生活が当たり前となり、むしろ家に居るときの方が不自然となり、ほとんど粗大ゴミ状態になって、居場所をなくしているのです。

悪いことに、この年代の夫は、「おい！　お茶、ふろ、めし、寝るぞ」の典型的な主君タイプで、どこか妻を〝世話係〟のように思っているフシもあるのです。

そして最近、妻の逆襲がはじまりました。子供が育って結婚式を迎え、二人の旅立ちを成田空港で見送ったあと、

「じゃあ、あなた。これにハンコを押して下さいな」

とばかりに、唐突に離婚届けを差し出されるケースもあるのです。この類の妻は、長い間このような夫の態度に対し、「子供が成長するまでは……」と、がまんしてきたのです。あるいは、第二の自分の〝人生〟をようやく見つけだせそうな気がして、夫に対し、自分の決意を突きつけようとするのです。

いずれにしても、一緒に住んでいながら、

「夫婦の間で、会話がほとんどないし、口を利くこともない」

「夫には、もう失望している」

「夫が家にいないとホッとする」

「夫の顔を見るのもイヤ」

「夫の洗濯物は、さわるのがイヤだから、ハシでつまんでいる」

「あの人は、もう夫ではなく、ただの同居人」

という妻側の主張が多いのです。

家庭内離婚の特集をやったテレビ番組に対して、通常の五倍以上もの電話やFAXが送られてくるそうです。この問題に対する、視聴者の関心の高さがよく表れています。というより、現実に多くの家庭で、夫婦間の不和が起こっている証明ではないでしょうか。

夫婦の仲と子育て

このような夫婦間のトラブルは、二人だけの問題ではありません。その影響は当然、子供にも及ぶのです。

ある心理学者は、六歳まで、親がどのような接し方をしていたかによって、子供の性格や考え方が決まってしまう……と主張しています。幼児期に、両親の間にケンカが絶えなかったり、離婚して片親だけで育てられたり、あるいは、あまり愛情を与えられずに育てられたり、虐待を受けたりすると、その子供の心には、深い傷(トラウマ)が残ってしまうケースが多いのです。

このトラウマがあると、成長するにつれ、引きこもりになったり、登校拒否をしたり、成人しても、心身症になったり、育児ノイローゼになったり、育児拒否や虐待さえ起こしてしまうケースがあるのです。最近、多発している少年犯罪も、家庭環境に起因していると考えられます。つまり、ひとりの人間の人格に、決定的な要素を与える時期、それが六歳までの幼児期だというのです。

ですから世の親たちは、このことに十分注意する必要があります。夫婦の不仲は、子供に悪い影響を与えたり、ひいては、社会に対しても悪い影響を与える可能性があるということです。

結婚って、軽いもの？　重いもの？

さて最近は、

「夫婦の仲が悪かったら、離婚してスッキリした方がいいんじゃない？」

という声が多くなってきました。

「そんなにまでして、がまんする必要はない」

ということです。この流れにのって、女性の自立と離婚を、ワンセットで奨励する本も数多く出版されました。それに〝離婚雑誌〟も登場しました。インターネットでは、離婚のノウハウが紹介されています。

確かに、「家庭が崩壊したのなら別れた方がいい」とは、だれでも思います。わたしもそれに反対しません。しかし一方、離婚する前に、

「ちょっと待ってください！　本当にそれでいいの？　もう少し考えてみたら？」

とも思います。

「夫婦の仲が悪くなったので、じゃあ離婚しよう」

というのでは、

「結婚(夫婦)って、そんなに軽いもんですか？」

と、逆に思ってしまいます。もちろん、軽はずみで「離婚しよう！」と決心する人は少ないでしょう。悩んだ末の決断だと思います。

しかし、そこからもう一歩、よく考えてみるところに、わたしたち人間のすばらしさがあると思うのです。夫婦の仲が悪くなったのなら、どうしてそうなったのか、解決策はないのか……を、よくよく考えてみる〝心のゆとり〟が欲しいのです。あまり短絡的に考えることをしないで、ちょっと冷静になって、根本的な原因を探ってみることをお奨めしたいのです。

いわば「愛の捜査」をしてほしいのです。この宇宙で起こる出来事には、必ず原因があるのです。原因があって結果がある。これが宇宙の法則です。

もちろん、原因を探った結果、どうしても解決が不可能だと思われる場合もあるでしょう。その場合は、離婚もやむを得ないのです。しかし一方、もう一度やり直しがきく結婚というのもあるはずです。

マーフィーの法則って？

では、どうやったら夫婦の関係がうまく修復されるのか？　わたしはその解決の方法として、有名な「マーフィーの法則」を用いて考えてみました。

マーフィーとは人の名前で、ジョセフ・マーフィー博士のことです。マーフィー博士は、もともとアメリカの牧師でしたが、精神科学を応用した独自の思想哲学を確立してから、著作家・教育家・講演家として世界的に活躍しました。人間の内面に潜在する〝大いなる力〟の存在に、人びとを気づかせました。

このマーフィー博士が提唱した「心の法則」が、一般的に「マーフィーの法則」とよばれるものなのです。

本書では、この法則を、夫婦関係の関係改善のために用いてみます。実はわたしも、この「マーフィーの法則」に関する本をすでに九冊も書いています。マーフィーの法則の研究には、ちょっと自信がありますし、また心理カウンセラーとして、相談者の問題解決にも、このマーフィーの法則を応用しています。だから、数多い実証もあります。

夫婦の問題でずっと悩んでいる方、離婚を考えている方、最後の決断する前に、ぜひ一度、本書に目を通してみてください。あるいは、結婚して二、三年たって、ちょっと夫婦の間に「スレ違いがあるかなぁ?」と感じはじめている方も、ぜひ本書をお読みください。さらに、これから結婚を考えている方も、ぜひお読みください。また、通常の人間関係で悩んでいる方にとっても、必ず何らかの参考になると思います。

もし本書を読まれて、円満な夫婦になられたならば、著者として、こんなに嬉しいことはありません。みなさんの幸せをお祈りしています。

最後に、本書の作成にあたっては、日本教文社の北島直樹氏にご協力いただきましたので感謝を述べます。

平成十二年六月

植西 聰

マーフィー博士の夫婦相談室▼目次

Chapter.2 浮気・不倫でトラブるとき 67

Chapter.3 家の問題でトラブるとき　109

装幀▼三嶽 一
装画▼開地 徹

第1幕

TPO別 結婚生活相談室

Chapter.1

習慣・価値観が違うとき

好みが違う

結婚というのは、育ってきた環境がそれぞれ異なる二人が、一つ屋根の下で生活をともにすることです。

生育環境というのは、意外に無視できない条件です。生まれた地方や家柄によって、習慣や価値観が驚くほど異なるからです。

そういった違いには、結婚前、つまり恋人期間には往々にして気がつかないものですが、一緒に暮らしてみると、だんだんわかってくるのです。

「衣食住」でこれをちょっと考えてみましょう。

まずは「衣」。休日はのんびりパジャマで過ごす人、朝早く起きてきちんと着替える人、毎日違う洋服を着る人、一カ月同じ服を着続けても平気な人、一回着たらすぐに洗濯する人、相当汚れてから洗濯する人……。

つぎに「食」。ゆっくり食べる人、急いで食べる人、話をしながら食べる人、黙って食べる人、大皿料理をつつくのが好きな人、小皿で個別にくる料理が好きな人、鍋料理が好きな人、汁ものが苦手な人、ご飯を食べない人、食べないと気がすまない人、手作りでないとイヤな人、惣菜でも構わない人、おやつやデザートを食べる人、食べない人、食器をすぐに洗って片づける人、流しに置きっぱなしでも平気な人……。

最後に「住」です。毎日掃除をする人、少々汚れていても平気な人、蒲団を毎日干す人、しばらく干さない人、戸締まりが厳密な人、戸を開けて寝る人、ベッド派、蒲団派。

他にも、食事の前に歯を磨く人、後に磨く人、シャワーですます人、風呂に入って必ず湯船につかる人、タバコをのむ人、ベジタリアンもいれば、肉食派もいる。しょうゆ派・塩派・コショウ派・ソース派・マヨネーズ派・ケチャップ派。

違いは、すばらしい

さて、こういう個人的な好みもさることながら、出身地域や家柄に根差した風習や習慣が、これに加わると、さらに大変です。なぜなら、それらはその人の価値観や人生観、そして人格さえ形成していることがあるからです。

鹿児島の人には、鹿児島に独自の価値観があるでしょうし、青森の人には、青森の人に独特の考え方があるでしょう。また、高知の人には高知の人の考え方があるでしょう。

これら地方に独自の価値観や習慣は、婚礼の方式から家のしきたりに到るまで、さまざまな異文化感覚を相手に強いるかもしれません。

さて、相手の習慣との違いを感じたら、けっして自分の価値観を基準にして、「その考え方は、ヘンだよ」とか「そんなこと、ふつうじゃない」とか「あなたは間違って(変わって)いる」といって、相手の習慣を責めたりしてはいけません。

それはあくまで、二人の習慣が異なるだけで、どちらが間違っているということではないのです。というより、場合によっては、あなたの方が間違っていることもあるでしょう。だから相手の習慣に気づいて驚いても、

「この人、おかしいんじゃない？」

と考えてはいけません。

「はあ？　そういう考え方もあるんだ？」

「その方が、もしかしたらいいのかも……」

「いわれてみれば、もっともなのかも」

というように、プラスにとらえればいいのです。

そう。Difference is good.なのです。〝違い〟はすばらしいのです。

この場合の対処の仕方は簡単です。違うなら、違う者同士、お互いの習慣のよい部分を、ときに応じて合わせるのです。

たとえば、一度着た服はすぐ洗濯するという妻と、何度も着てから洗濯するという夫がいます。この場合、妻の方が正しいと思われがちですが、そうとは限りません。なぜなら、たった一回、しかも数時間着ただけの服を洗濯するのは、合理的だといえません。夏の汗ばむ気候でない限り、直接肌にふれたもの以外は、あまり汗を吸っていませんね。頻繁に洗い過ぎれば生地が傷むおそれもあります。

ですから、すべてはケース・バイ・ケース。一回一回のものごとに、もっと適切に対処する習慣を養いましょう。

波長が合うことが大事

このように、何に関しても、答えは〝一つではない〟ということを認識すべきです。時には、画一的な感覚を忘れて、柔軟な発想を心がけてみることです。

マーフィーの言葉では、

「否定的な考えが頭をもたげてきたら、意識して肯定的な感情と取り替えることを試みることです」

というのがあります。価値観の違いにも、同じことがいえます。何を大切にしているのかは、人それぞれに基準があるのです。仕事に生きがいを感じる人もいれば、友達づき合いを大事にする人もいますし、スポーツを愛する人や、自然や動物との触れあいが好きな人もいます。

この世には、実にさまざまな価値観があるのです。ですから、たとえ夫と価値観の違いを感じても、それは大した問題ではなく、当たり前のことだと考えることができますし、むしろ、価値観が違う方が、お互いに向上し合えるし、また楽しめるのです。

そもそも、相手の習慣と合わなければ、あるいは、相手の価値観が理解できなければ、夫婦の意味がないのでしょうか？　そんなことはありません。価値観のぴったりと合う人同士の夫婦というのは確かに存在します。しかし、全ての人が一〇〇パーセント合う〝運命の人〟と出会えるとは限りません。また、価値観というと、

「趣味が合うことが、価値観が合うことだ」

と勘違いしているケースがあります。確かに、趣味が同じなら、お互いに同じライフ・スタイルで楽しめるでしょう。しかし、人生はそれだけではありません。趣味が合うこと以上に大切なのは、相手の価値観や生きる姿勢に、共感をもてるかどうかです。これこそが、本当の意味での価値観の一致なのです。

趣味なんて合わなくたっていいじゃないですか！　相手がイヤだと思うことに対して、自分もイヤだと理解できること。相手がつらい思いをしているときに、一緒に悩んだり励ましたりできること。これが大切なのです。

つまり、趣味が合うことよりも、波長が合うことの方が大事なのです。

(1) 趣味がまったく合わない二人

価値観が違えば敵味方

恋人関係が長続きする条件の一つに、よく「趣味が合う」ことがあげられます。趣味が合えば、会話も弾みやすいし、何よりその部分に関しては、お互いが理解し合えるからです。

夫婦も同様で、お互いに趣味が合えば、気も合うし長続きもします。では逆に、趣味がまったく合わないとどうでしょう。最大の問題は、相手の趣味が理解できないことです。

「プロレスなんかに夢中になって、バカみたい」

「民芸品集めに夢中になって、年寄り臭いのよね……」

というふうに受け取られかねません。その結果、相手の男性の人格までも否定することになりかねません。

人それぞれ、何らかの価値観にもとづいて生活しています。Aさんのもつ価値観が、Bさんに理解されないとき、ときとしてAさんは、Bさんから疎遠にされることがあります。最悪の場合、ある集団から、排除されることもありえます。

価値観の相違というのは、意外に深刻な問題なのです。

二人でラグビー

有吉いずみさん(仮名)は、結婚して半年になる二十六歳の女性です。いずみさんは現在、専業主婦ですが、結婚前は、時計のメーカーで一般事務をしていました。夫の正樹さんは二十九歳で、カー用品の営業マンをしています。

二人は、一年前 共通の友人の紹介で知り合いました。当時、正樹さんは仕事が忙しく、それまで女性とめぐり会う機会がありませんでした。見るに見かねた友人が、いずみさんを正樹さんに紹介したのです。二人はお互いに気に入り、その半年後に結婚式をあげました。

そして半年。いずみさんと正樹さんの夫婦生活もちょっと落ち着いてきました。しかし夫婦生活が落ち着くと同時に、倦怠期《けんたいき》がはじまるのもよくある話です。

二人の〝倦怠期〟の原因は、趣味の違いでした。いずみさんの趣味はピアノ。幼い頃から習っていた腕前は、音楽大学を卒業したことでも証明されます。いずみさんの自慢のグランドピアノは、せまい新居には入りません。

ですから、たまに実家に帰って、思う存分ピアノを弾くことが、いずみさんの唯一の楽しみでした。

一方、正樹さんの趣味はラグビー。高校・大学を通じて選手として活躍し、現在はOBとして後輩の指導にあたっています。それだけではありません。社会人サークルにも入って活動を続けているのです。

いわば正樹さんはラグビー漬けです。ウィークデーでも、週に二日はラグビーの練習をして帰宅。土日もほとんど後輩の指導で家にはいず、やっと帰ってきたかと思うと、すぐ疲れて寝てしまう……といった具合です。

恋人時代には、いずみさんも正樹さんの練習を毎回見に行き、試合には応援と差し入れをし、その後の飲み会にもつき合ったりと、正樹さんの趣味をそれなりに楽しんでいました。

また、正樹さんのラグビー姿もすてきでした。自分の彼氏がかっこいいスポーツマンであるのは、彼女にとって誇りだったのです。彼女の友人も、

「いずみの彼って、ラガーマンなんでしょ。いいわね」

と、羨《うらや》ましがりました。それは彼女のプライドでもありました。

一人だけで楽しんで……

ところが、いざ結婚してしまうと、正樹さんは、

「練習、見に来なくていいから」

といって、いずみさんを練習場に近づけなくなってしまったのです。いずみさんの方も、

「そうね……。〝彼女〟が練習を見に来るのはかっこよくて嬉しいけど、〝奥さん〟が練習を見に来るんじゃかっこ悪いもんね」

と、彼に理解を示した形で、練習場に足を運ばなくなりました。

でも、いずみさんとしては、ちょっぴりさびしい気持ちもありました。今まで彼と一緒に楽しんでいた趣味が、彼一人のものとなり、自分は参加できなくなったからです。かといって、自分の趣味を楽しもうにも、新居から実家はそう近くはないので、ピアノを弾きたくてもそうそう帰れません。

こうなると今度は、自分だけ心置きなく趣味を満喫している夫が、ねたましく思えてきました。いずみさんの心には、

「自分ばっかり。わたしだって、趣味をしたいのに」

という気持ちが芽生えてきました。やがて、

「ああいう乱暴なスポーツばっかりやってるから、繊細なわたしの気持ちなんか、ちっともわからない」

というふうに、趣味だけでなく、夫の人格そのものをも否定し始めました。

こうなると、あとは愚痴がでるのみです。ラグビーの練習で、正樹さんの帰宅が遅く

なったり、休みの日に出掛けたりすると、いずみさんは、

「あなたには楽しみがあっていいわね」

「どうせ、また今日も遅いんでしょ」

と、嫌味を言うようになっていました。そして、夫が帰る時間になると、わざとお風呂に入ったり、友達に電話を掛けていたり、近くのコンビニをブラブラしたりするのでした。心配した正樹さんが、

「だれと電話していたの？」

「どこへ行っていたの？」

と尋ねても、

「だれと電話したって、ラグビーで忙しいあなたには関係ないでしょ」

「ラグビー以外のことなんて、どうでもいいんでしょ」

と、逆にからんでしまうのです。そうなると、正樹さんの方もおもしろくないので、

「そうか。君が何しようと、俺には関係ないよな」

「勝手に好きなことしてろよ」

と、〝売り言葉に買い言葉〟の状態です。

いずみさんの心は複雑です。本心は二人で仲よく楽しみたいのに、夫だけが楽しんでいるという疎外感と孤独感から、このような〝妻の反抗〟に打ってでたのですから。

正樹さんの方も、自分一人だけ好きなことに夢中になっているのに、妻は一人でつまらない……という状況に、全く気がつかないのなら、それは問題です。

正樹さんはラガーマンで体育会系。男は外で、女は家……という、一種伝統的な認識を、無意識のうちにもって育ってきた人だと思います。このことは、あくまで〝夫婦の形態〟の問題です。それで問題ない夫婦もあります。

しかしいずみさんの認識は、そうではありませんでした。そんなとき、マーフィー流のカウンセリングを行うわたしの研究所を友人に紹介され、尋ねてこられました。

趣味はそんなに大事？

カウンセリングでは、ポジティブマインド・セラピーという方法を、わたしは実践しています。これは肯定思考法とも呼ばれるもので、どのようなことがあってもそれをいったん全部受け止め、そこで意識の逆転をして、そこからものごとを、自分に有利な方向に展開させるための考え方です。

いずみさんは、カウンセリングを受けるうち、

「そういえば……彼と趣味が合わないことが、二人がうまくいかない原因だとばかり思っていた。でももっと根本的な問題があった……」

と思うようになりました。いずみさんが怒っているのは、彼の趣味がきらいだからでは

なく、彼と楽しい時間を共有できないからなのです。

「彼はわたしを粗末にして、趣味を優先させている」という、夫を責める気持ちでいっぱいでした。この気持ちの裏側には、もっと夫に〝愛されたい〟という気持ちがあります。

いずみさんは、発想の転換をしました。つまり彼とやり直したいと思いました。それで正樹さんに、自分の正直な気持ちを全部打ち明けたのです。すると、正樹さんも、正直にこう言いました。

「ごめん……。本当は、練習を見に来て欲しかったんだけど、どうしても仲間に『新婚、新婚』ってひやかされるから……。でもまた練習を見に来てくれないか。それと、俺だけがラグビーに夢中になってるのは悪い。君もピアノを弾きたいときは、遠慮なく実家に帰ってもいいよ」

と正樹さん。いずみさんは、クスッと笑って答えました。

「いやよ。帰りたくない」

正樹さんが「?」という顔をすると、いずみさんは、ひとことつけ加えました。

「あなたと一緒じゃなきゃね」

こうして二人は、恋人時代の関係に戻れたのです。

(2) 生活のリズムが違う二人

異なる時間を生きている

夫婦生活において、生活のリズムが一致しているかどうかはとても重要です。たとえば、朝食は食べるか食べないか、シャワーを浴びるのは朝か夜か、夜更かし派か早寝派か、朝寝坊派か早起き派か、休みの日はレジャー派かゴロ寝派か……など。

一見つまらないことのようですが、これらのリズムが合わないと、夫婦関係に支障をきたしてしまうことがあります。なぜなら、二人が一緒にいられる時間が、自然と減ってしまうからです。

桜井美並(仮名・二十四歳)さんは、結婚してもうじき一年です。彼女は、短大を卒業後、地元の市役所で地方公務員として働き、結婚後も同じ仕事を続けています。

美並さんの仕事は、いわゆる九時五時で、きちんと終わることが多く、帰りにスーパーに寄れますし、食事の支度も時間をかけられます。一般的な〝主婦としての時間〟もある程度とれるので、彼女は現在の職場にとても満足しています。

一方、夫の亨(仮名・二十六歳)さんは、大学を卒業後、出版社の編集部に勤務しています。職業がら、深夜の帰宅が多く、逆に朝は、美並さんが出勤した後にようやく起きてきて、昼すこし前に出勤するという生活スタイルです。

このように、二人の生活のリズムは、極端に違っていました。

二人の交際のきっかけは、お見合いパーティーでした。美並さんの職場には、もともと若い独身男性が少なく、ほとんどが妻帯者ばかりです。そこで美並さんの同僚がある日、

「この職場では出会いがないでしょ。だから外に出会いを探しに行こうよ」

と、彼女にパーティーの参加をもちかけました。美並さんも、軽い気持ちで同意しました。そこで亨さんと運命的な出会いを果たしたのです。

亨さんの方も、職場には男性が多い上、仕事が超多忙で、出会いどころの騒ぎではありませんでした。それで、おもしろそうだからと、お見合いパーティーに参加したのです。

二人の会話は弾みました。互いにまったく異なる仕事をしている相手に興味を抱きました。それから二人は、毎週のようにデートを重ねました。あるとき、亨さんから彼女に、

「毎日、君の顔を見ていたい」

と、プロポーズの言葉をかけました。もちろん彼女の答えはＯＫでした。こうして二人は一緒になりました。

かまわない夫

しかし、結婚前は何とかやりくりしていた二人の〝時間〟も、毎日のこととなると、その確保が難しくなってきました。それでも結婚当初は、美並さんも頑張って毎日手料理を用意し、眠いのをこらえて毎日彼の帰りを待っていました。

しかし亨さんの帰宅は、彼女にとってはあまりにも遅く、その上せっかくの手料理にもほとんどハシをつけないことが多いのです。夜中までの残業の途中に、なにか食べることもありますし、仕事のつき合いで酔っ払っているときもあります。いずれにしろ、相当くたびれているのですぐ寝てしまうのです。

さすがの美並さんも、

「こんな毎日じゃ、一緒に夕食をすることは難しいわね」

となかばあきらめ、一人で夕食を食べて眠る……という生活を送るようになりました。

こうなると、休日こそが二人の時間に当てられるはずですが、その貴重な休日にも、亨さんは、奥さんになかなかつき合おうとはしません。

もちろん疲れているからです。たまの休みだから、昼過ぎまで寝ていたいと思う気持ちが強いのです。しかし、結婚する前と結婚して以降とで、妻に対する態度がまずガラリと変わるのも問題です。「もう結婚したのだから、彼女は自分のもの」という安心感をもつ人もいます。

結婚前こそ、眠気をおして会っていた時間は、今や亨さんの睡眠時間となりました。結婚前ほど気を使わなくなったのに加え、もともと口ベタな亨さんです。当然、二人の会話は減っていきました。

美並さんは、何とか休日くらいはコミュニケーションを図ろうと、亨さんをレジャーや街に誘ったりするのですが、

「いいよ。面倒くさいよ」

「友達と行ってきたら？」

という冷たい言葉が返ってくるだけ。

とうとう美並さんは、

「結婚したのに、逆に一緒に過ごす時間が減ってくるなんて……」

「いったい何のために、わたしたち結婚したの？」

と、疑問に思うようになりました。さらに、

「結婚した妻には、もうかまわなくていい、とでも思っているのかしら？」

「本当は、結婚できれば誰でもよかったんじゃないの？」

というふうに、どんどんマイナス思考へと傾いていったのです。美並さんは、

「このままじゃいけない。なんとかしなきゃ」

と思い、なんとか解決の糸口はないかと、図書館を歩きまわって、心理学の本や人生哲学の本を読みあさりました。やがて、美並さんは「マーフィー」という人の本と出会いました。

わたしが変わると、夫も変わった

「マーフィー？　エディー・マーフィーのこと？」

と最初こそ思いましたが、パラパラとながめていると、

「あなたの考え方を変え、つねに〝愛のイメージ〟で相手を包み込むようにすれば、潜在意識はあなたの気持ちを相手に伝えるのです」

という一文が目に入ってきました。

「潜在意識？　ホントかなぁ？」

と思った美並さんでしたが、積極的に「このコトバを実践してみよう！」と考えました。

美並さんは、亨さんに対する不満を整理してみました。ですが、亨さんの仕事が忙しいのは仕方がないこと……と考えました。では彼女の具体的な不満は？

①二人の会話が減ったこと
②休みの日に出掛けることがなくなったこと

という二点でした。そこで、美並さんは、この二つの不満を、マーフィー流に解釈することにしました。つまり、

①は、会話をしなくても、心が通じ合うような仲になった証だ。

②は、長年つき合った恋人同士や、本当に仲のよい夫婦は、何かイベントをやらなくても、その心は安定していて、いつもつながっている。

というふうに考えました。

すると、不思議と心がスッと軽くなりました。不満もだんだんと消えていくのがわかりました。それからは、亨さんに対して、以前よりずっとやさしく接することができるようになりました。

そして休日になると、無理に外出しようとは言わずに、ベランダにテーブルを出してきて、

「ここ、オープン・カフェよ」

と、おどけて食事の準備をしたり、ビデオを何本も借りてきて、

「今夜は、オールナイトでみよう！」

と、はしゃいだりしました。

そうすると、美並さんの気持ちが亨さんに伝わったのでしょうか、彼の態度も変化を見せはじめました。

「へえー、これならちょっとしたパリのカフェ気分だよ」

「僕は夜ふかし平気だけど、君はつらいだろう？　別に夜中でなくたっていいよ」

と、美並さんを思いやるような態度へと変化してきました。そうして、

「ビデオもいいけど、たまには映画、見に行こうか？」

と言い出しました。

こうして、二人の会話は、恋人時代のように徐々にふえはじめました。そして、あんなに腰の重かった亨さんが、

「たまには外でデートもいいよね」

とまで言うようになったのです。

相手に不満を抱いても、相手もあなたに不満を抱くだけです。あなたの心が変われば、相手も変わるのです。

(3) お金の使い方が異なる

正反対の二人

人の金銭感覚は、なかなか簡単に変わるものではありません。浪費癖のある人は、お金がなくてもどんどん使い込んでしまいます。倹約癖がついていれば、収入があっても派手に使いません。

そんな両極端な二人が結婚したら、一体どうなるのでしょう? これから登場する夫婦は、そんな典型的なケースの二人でした。

河口ゆかりさん(仮名・二十六歳)は、結婚してもうすぐ二年。ビジネス系専門学校を卒業後、デパートでエレベーターガールをしていましたが、結婚を機に退職していました。現在まだ子供がいないので、近くのスーパーマーケットでレジのパートをしています。

収入はかなり減りましたが、家事との両立もしやすいので、ゆかりさんとしては納得しています。

幼い頃からゆかりさんは、お小遣いのほとんどをコツコツと貯金してきました。いわゆる堅実型の女性です。高校時代にアルバイトをしていた時も、デパートで働いていた時も、かなりの締まり屋で通っていました。

デパートガールは、世間的に派手なイメージがありますが、ゆかりさんは珍しく地味なタイプで、洋服やアクセサリーにお金をかけることもめったにしません。かといって同僚に比べて見劣りするわけではなく、いわばリーズナブルにおしゃれを楽しむ人だったようです。毎日の昼食も手作りのお弁当。買い物も厳選した上で、極力社員割引きを利用しました。また、自宅通勤で月々の出費をごくわずかに押さえました。天引貯蓄もしていました。

このような倹約家の女性が結婚すると、ふつうは良妻として大変歓迎されるのですが、そうでない夫との組み合わせだと大変です。

夫の一馬(仮名)さんは、大学を卒業して、靴メーカーに勤務している三〇歳の営業マンです。彼がゆかりさんのデパートにちょくちょく顔を出しているうちに、二人は顔見知りになり、一馬さんがゆかりさんを食事に誘ったのが、二人のつき合いのきっかけでした。

実は一馬さんには浪費癖がありました。子供の頃からお小遣いを貯金したことがありません。就職してからも、いつもお金に困っているような状態です。

というのも、一馬さんは、世間でいう「鉄道オタク」で、趣味のためにお金を浪費するタイプだったのです。路線の廃止や開通のときには、必ずカメラをもって出かけます。場所取りのため、早朝からでかけるほどの熱の入れようです。

ふだんはやさしい一馬さんも、鉄道に夢中になるとゆかりさんのこともほったらかし状態です。

趣味にばかりお金をつかう

この一馬さん、一人暮らしの時は、部屋中が鉄道模型や鉄道のポスター、鉄道の写真集で、足の踏み場もないほどでした。ところが、結婚して新居をかまえると、こういうわけにはいきません。二人の住むマンションには、とてもそれら全部を置く余裕はありません。

とはいえ、それでも部屋の一角を占めています。

「もうこれ以上は鉄道の模型、ふやさないでね」

と、ゆかりさんは念をおしました。一馬さんも「わかったよ」といってくれました。ところが、今度は鉄道の写真にますますのめり込み、カメラや望遠レンズに多額のお金をつぎ込むようになったのです。

ゆかりさんは、毎月一馬さんがかなり出費するのを気に病みながら、必死で家計をやりくりしました。夕飯はスーパーの売れ残った野菜を買ってきておかずを工夫し、朝食や昼食はその残りを食べる……というような、徹底した倹約をしました。

彼女自身は小遣いをもたずにいるのに、一馬さんには月に四万円のお小遣いを渡し、さらに何と五、六万を趣味のお金に渡していました！

こんな調子では、貯金もたまりませんね。さすがのゆかりさんも、夫のあまりの浪費ぶりに、だんだん嫌気がさしてきました。そして、

「なんでわたしばっかりがまんしなきゃならないの？」

と、一馬さんに対する怒りの感情がこみあげてきました。でも、一馬さんが趣味に没頭しているときの無邪気な笑顔を見ると、とたんに文句が言えなくなってしまうのです。

「どうしたらいいの？」

悩んでいるゆかりさんに、デパートガール時代の友人が、

「この本を読んでみたら？」

と、勧めてくれたのが拙著『マーフィーの恋愛成功法則』(扶桑社)だったのです。

ゆかりさんは、わたしが紹介しているマーフィー理論にひかれ、拙著のシリーズだけでなく、手当たり次第にマーフィー関連の本を読みました。

夫のためにお金をかせぐ

マーフィーの言葉は、ゆかりさんにこういいました。

「他人のためにお金をつくるようにすることです。そうすればあなたにもお金ができるのです。あなたは自分が期待していたよりずっと繁栄するのです」

この言葉を読んだとき、ゆかりさんは考えました。

「今まで、わたしは夫が稼いでくるお金で、二人の生計を立てようとしていた。そして足りない分があるので、それをわたしが稼いで補おうとしていた。でも、夫のためにお金を稼ごうとしたことはなかったなあ」

と考えたのです。そうして、

「夫のためにお金を稼いでみよう」

と思い立ったのです。それからは、ゆかりさんは、スーパーで働いたお金を、すべて夫にそのまま渡しました。そのぶん、家計が足らなくなったので、前に働いていた時の定期預金を解約して、補うことにしました。

そんな生活をはじめてから数カ月たった頃、一馬さんは、ゆかりさんが自分の貯金を崩してまで、家計に当てていることを知りました。そしてはじめて、自分の浪費ぶりに気がつきました。

彼はそれから、自分の給料全額をゆかりさんに渡しました。

驚くゆかりさんに、彼は、

「今まで身勝手ばかりして悪かったよ。これからは小遣いの範囲内で趣味を楽しむから」

と言ったのです。

ゆかりさんの広い気持ちが、彼を動かしたようです。

(4) セックスレスに悩んでいる

セックスを拒否する夫

最近、セックスレスの夫婦がふえているという話をよく聞きます。

「別にいいんじゃないの？」

という声もありますが、セックスが、二人の間に何らかの強い絆を築いている場合もありますから、これはやはり問題です。

花崎妙子(仮名・三十歳)さんは、結婚して三年になる主婦。短大の看護科を卒業して以来、今に至るまで看護婦の仕事をずっと続けています。

元来努力家の妙子さんですが、仕事がハードなため、家事もなかなか思うようにこなせません。

しかし、夫の和明(仮名)さんが彼女の仕事に理解を示し、家事の半分くらいをやってくれています。彼女の夫はとても器用で、料理の腕前も、並みのご婦人なら舌を巻くほどです。

この和明さん、彼女よりも二歳年下です。大学を卒業後、電機メーカーでシステム・エンジニアの仕事をしています。二人は、妙子さんの勤務する病院で、看護婦と患者という形で出会いました。

つまり、和明さんは彼女の病院に入院したのです。入院はわずか数日間ですみましたが、退院するときに彼は、自分の電話番号を紙に書いて妙子さんに渡し、そっとアプローチをしました。

妙子さんは軽い気持ちで電話をかけましたが、これがきっかけとなり、ついに交際半年で結婚することになったのです。お互いの職場には異性が少なく、互いに出会いを求め合っていたことも、結婚の大きな決め手となったようです。

さて一見、円満そうに見えるこの夫婦にも悩みはありました。それは、この二年間、セックスレスであることです。悩んでいるのは妙子さんです。

家事もまともにできないほどの忙しさの中で、彼女の唯一のより所は、夫の和明さんでした。家に帰って、夫に仕事のグチを話したり、夫の作った手料理を食べることで、彼女のストレスは解消されるのです。そして夜は、夫にやさしく愛されることで、大きな幸せを感じる彼女でした。

ところが最近、和明さんは彼女にセックスを求めなくなってきました。そのことは彼女をとても不安な気持ちにさせせました。

「もしかして、浮気を？」

「もうわたしを愛していないのかも知れない」

といって、自分からセックスを求めるのも、拒否された場合のことを考えると、怖くてできない。

「女がいるんでしょう」

そんな頃、妙子さんは高校の同窓会に出席しました。久々に懐かしい顔がそろいました。仕事や結婚で遠方へ行った友人もいました。お互いの近況などを語り合っているうち、話は夫や子供のことへ移行していきました。

「わたしは去年、籍だけ入れたの」

「うちの子は、もう幼稚園よ」

「あなたのダンナさまは、外国人だったわよね」

「わたしの彼氏は、七歳年下よ」

そんな幸せな話題で盛り上がっている中に、一人だけポツンといるのが、前沢慶子（仮名）さんでした。医者の夫と二人の子供をもつ専業主婦。

「慶子、久しぶりね。元気？」

妙子さんは声をかけました。慶子さんは笑みを浮かべましたが、どことなく気まずそうです。

「わたし、離婚しようと思っているの」

驚く妙子さんに、慶子さんは続けました。

「彼、わたしとのセックスを避けるようになったの。それで何かおかしいと思っていたら、やっぱり外に女がいたの……」

慶子さんの離婚の決心は、そうとう固そうでした。

同窓会から帰った妙子さんには、慶子さんのことがどうしても頭から離れません。和明さんが自分とセックスしないのも、浮気をしているからでは？　そんな考えばかりが頭をよぎり、仕事もうわの空の妙子さん。

こんな調子なので、ある日、妙子さんは仕事で大失敗をしてしまいました。幸い大事には至りませんでしたが、婦長には厳しく注意され、落ち込んで家に帰りました。

そのことを和明さんに話そうと、思い切って彼のベッドに入って行きました。すると彼は、

「疲れてるんだよ」

といって、むこうを向いてしまったのです。妙子さんはショックでした。彼にやさしく抱いて慰めてほしかったのですが、それを拒否され、もうわけがわからなくなり、

「他に女がいるんでしょう！」

と叫んで家を飛び出しました。その夜、同僚の天野りえ(仮名)さんの家に泊まりました。

グチは女性をうっとうしくする

次の日、妙子さんは家に戻りましたが、何となく二人の仲はギクシャクして、もう以前のようには戻りません。

和明さんが話しかけようとしても、妙子さんは彼を避けてしまうのです。妙子さんは、電話でりえさんにこれまでのことを、全部打ち明けて相談しました。するとりえさんは、意外なことを言いました。

「実は、わたしも恋人と同じ理由で別れているの。でも、今考えれば、恋人も夫婦も同じだから、もっと話し合えばよかったと思ってる」

りえさんは、妙子さんにマーフィーの言葉を教えてくれました。

「夫に愛されているかどうかを不安に感じる妻は、自分で種を蒔き、水をやることで、不安を育てている」

妙子さんはふり返って考えました。

「彼からセックスを拒否され、被害妄想のように不安を大きくしていた」

と考えました。

つぎの日から妙子さんは、不安になったり、くよくよと悩んだりしないことに決めました。なるべく明るくふるまうようにしました。また食事のときは、できるだけ仕事のグチは控え、逆にその日、彼女が感じた喜びや楽しみを打ち明けるようにしました。また、休みの日の計画なども話題にしました。

こんな妙子さんの心の変化が定着してきたある日、いつものように妙子さんが寝ようとすると、和明さんがさっと彼女のベッドへ入ってきたのです。二人は久しぶりに一緒に一夜を過ごしました。

翌日彼女は、思い切って彼がずっとセックスを拒否していた理由を聞きました。すると、彼の答えは、

「毎日、君にグチを聞かされているうちに、君のことがうっとうしくなってたんだ。もちろん他に好きな女性がいるわけじゃない。けれども、セックスをする気が起こらなくなっていたんだ。でも、最近の君は、恋人時代のように明るく輝いている。魅力を感じるよ」

というものでした。妙子さんは、

「これからは、ずっとあなたにとって魅力的な女性でいるからね」

と約束しました。

夫婦の間では、さまざまなことが〝なれあい〟になりがちです。ですから、常に相手との関係を大切にしていかなければ、相手から愛され、幸せを保つことは難しいのです。

(5) 変態趣味のある夫

几帳面で真面目な夫

交際中には気づかずに、結婚してみて、初めて夫の秘密を知り、妻が愕然とした……という話はよく聞きます。

時田あずさ(仮名・二十一歳)さんは、まだ結婚して五カ月という新婚ホヤホヤです。専業主婦をするかたわら、地域ボランティアとして職業訓練所や作業所の手伝いなどをしています。

結婚前は、福祉関係の専門学校に通学していましたが、卒業後すぐに結婚をしたので、就職した経験はまったくありません。もともと福祉の仕事につきたかったので、現在のボランティア活動は、とても楽しんでやっています。

夫の稔(仮名)さんは二十九歳。仕事は家業を継いで建築の下請けをしています。几帳面《きちょうめん》な性格で、仕事にのぞむ姿勢も真面目そのもの。高校時代は、生徒会長をつとめ、成績も優秀でした。

大学三年のとき、父親が倒れ、やむなく家業を継ぐことにしました。父親は、現在も病気で臥《ふ》せていますが、以前に比べると、だいぶ回復しているようです。

しかしそんな事情をみじんも感じさせない明るさが、稔さんの長所です。職場の部下や取引先の建築会社の人からも好かれています。つまり魅力あふれる男性として通っているのです。

さて独身時代は、実家に両親と住んでいた稔さんでしたが、現在はあずささんと二人でアパート住まいをしています。

そんな二人の出会いは、テレフォンクラブでした。あずささんは片想いの相手に失恋して落ち込み、稔さんは仕事に疲れて安らぎを求めていた頃です。二人の恋は、急速に盛り上がり、交際二カ月で、稔さんはあずささんの両親に結婚の挨拶に行くというスピード進展でした。

さすがに二人の〝なれそめ〟については、「知人からの紹介で……」とお茶を濁しましたが、それ以外はお互いのことを正直に両親に話し、それぞれ祝福されて結婚しました。

変態趣味？

そんな順風満帆に見えた二人の生活に、影が差しはじめたのは、ちょうど二人が結婚して三カ月が過ぎたころでした。ある日のこと、あずささんが掃除で押し入れを開けると、上からカバンが落ちてきました。

「もう。稔さんはだらしないんだから」

といいながら、あずささんがカバンを元に戻そうとすると、カバンの中から写真のようなものがはみ出していることに気がつきました。「？」と思ってカバンを開けて見ると、なんと、中からポルノ写真が山ほど出てきたのです！　しかも、ただのポルノではなく、SMものばかりでした。

あずささんのショックは大変なものでした。あずささんは、稔さんにそのことを問いただそうと思いつつ、なんだか怖くなって何も言い出せずにいました。

当然あずささんは、稔さんのことを、

「稔さんったら、こんな趣味があったのね！」

「彼、変態だったのか。だまされた」

と思うようになりました。当然、彼を避けるようになり、口も利かなくなりました。そして夜、稔さんが彼女のベッドに入ろうとすると、彼女は激しく拒否するようになりました。

そんなとき、あずささんは親友の藤谷美恵(仮名)さんと会いました。彼女は、専門学校の同級生ですが、社会人をへて学校に入り直したので、彼女の方があずささんよりも二歳年上(二十三歳)です。

まだ独身で、現在は老人ホームで働いています。しかし、美恵さんはたいへんな美人で、専門学校在学中も多くの男性からアプローチを受けていました。そんな中、モデル並みの容姿をもつ金沢博史(仮名)さんからアタックされ、現在つき合っているのです。

あずささんは、そんな美恵さんのことを、年上ということもあって慕っています。そして久しぶりに会えたからと、あずささんは稔さんのことを、思い切って打ち明けました。もちろん、恥ずかしいことを打ち明けるのですから、勇気がいりました。

ところが、美恵さんからは、予想外の反応が返ってきたのです。それは、

「そう。でもわたしの彼なんて、浮気ばっかり。それに比べたら、あなたの悩みなんて大したことないわよ」

というのです。あずささんは驚きました。美恵さんの彼は、とても誠実そうに見えたからです。そこで、あずささんが

「そんな風には見えないんですけど」

というと、美恵さんは、

「知らなければ、知らないままでよかったんだけどね」

と答えました。そこで、さらにあずささんは、

「別れますか?」

とききました。美恵さんは笑って、

「でも彼の浮気グセ、なおったのよ」

と答えました。

相手の長所をほめる

実はこの浮気グセがなおったのは、美恵さんの心が変化したからだというのです。この変化のウラには、マーフィーの法則が働いていました。それは、

「愛を保つには、相手の短所に目を向けるより、相手の長所のみをほめ続けること」

というものでした。

「たしかに彼のあの悪趣味は短所。変態だ。でもそれ以外は彼のことは気に入っている」

あずささんは、稔さんの長所について考えました。彼は、明るいし、やさしいし、思いやりもある……。彼の長所をいろいろと考えていると、あずささんの心から、だんだん彼を責める気持ちが薄らいでくることに気がつきました。

その日から、逆転の発想で彼女は、稔さんに以前にもましてやさしく接するようになりました。また、趣味というのは本人の勝手なのだから、一切干渉せず放っておくことにしました。

ある日、稔さんがあずささんの蒲団に入って来ました。そのとき彼女は、彼をやさしく受け入れました。稔さんは、

「カバンの中、見たんだろ？　位置が動いてたから」

といいました。あずささんは、答えました。

「いいの。そんなこと。わたしが知らなくていいことだもの」

次の日、例のカバンが、稔さんの手でゴミ置き場に置かれていました。あずささんは彼に「いいの？」と聞きました。すると稔さんは、

「優等生としてふるまってきた。明るく生きてきた。でも内心は錯綜《さくそう》してイライラの連続。ストレス解消の趣味をもつつもりが、気がついたらSM写真集めさ。別世界に入れたんだ。だけど、もう今はボクには必要がない。本音を語り合える君がいるから……」

稔さんの変質的な趣味を消してしまったのは、あずささんの愛でした。

(6) 夫がマザコンだった

無口でおとなしい人

夫や妻の性格などは、結婚してからわかるものです。

小松美季(仮名・三十一歳)さんは、結婚してまだ半年。小学校の教員をしています。もともと子供が好きで教師になったのですが、最近は、学級崩壊やイジメなど、教師である美季さんのところにも、大きな荒波が押し寄せているようです。

しかし元来が楽天的なたちで、それほどの問題もなく、無事に勤めてこられたようです。家族は、両親と弟が二人。

夫の勝明(仮名)さんは、三十五歳。仕事は、消防士。からだが資本の職業なので、健康には特に気をつけています。性格はやさしくて几帳面。家族は、両親と姉が二人です。

そんな二人は、お見合いで結ばれました。ともに職場では異性との出会いは少ない方でした。美季さんは仕事に夢中で、それまであまり結婚には興味がありませんでした。勝明さんも、女性に対しては非常にオクテな方で、心配したそれぞれの周囲の人たちが、お見合いの世話をしたのです。

美季さんは、お見合いの席での勝明さんの印象を、

「無口でおとなしい人」

と感じていました。ただ、自分自身がハッキリとした性格なので、気性の激しい男性よりも、むしろ穏やかな男性の方が自分に合っていると思っていましたので、彼に対して不満はとくになかったようです。

また、お互いにある程度の年齢でしたから、トントン拍子に話が決まりました。美季さんも、仕事を辞めなくてもいいという条件で、結婚を承諾したのです。

ところが、最初からこの二人の結婚には、暗雲が立ち込めたのです。

どこにでもついてくる母親

まず、美季さんの不安の始まりは、結婚式の打ち合わせでした。その打ち合わせに、勝明さんの母親がついてきたのです。そして、料理や引出物の内容について、あれこれと口出しをするだけでなく、美季さんのウェディングドレスやお色直しの衣装にまで意見をしてきました。

ハッキリした性格の美季さんは、あきれて言葉もでないような有様でした。ただ、この先長くつき合っていく夫の母親を、無下《むげ》に扱うわけにもいかないので、最大限、母親の意見を考慮し、ゆずれるところはゆずることにしました。

ただ一つ、一生に一度しか着ないウェディングドレスだけは、美季さんの希望を押し通しました。彼の母親は、

「息子に紋付袴を、あなたには白無垢を着てほしい」

という強い希望をもっていましたが、これぱかりは、しぶしぶ折れてもらうことにしました。

しかし、これは二人の不安な結婚生活の、ほんのプロローグでしかなかったのです。新居を選ぶときにも、やはり勝明さんの母親はついて来ました。二人の収入に見合った賃貸マンションをと考えていたのですが、

「もっと条件のいいところにしたら？」

「足りなければ援助してもいいのよ」

と、まるで小さな子供に話しかけるような口振りです。結局は、二人の通勤に便利で、月々の支払いも苦しくない程度のマンションに決めましたが、さすがに美季さんは

「ちょっと先々不安だな……」

「結婚してだいじょうぶかなあ？」

と考えるようになりました。

彼女のイヤな予感は的中しました。まず勝明さんですが、週に二、三回は母親に電話をします。しかも一時間の長電話です。また、週に一度は彼の実家で食事をします。そして

週末には、彼の家族の父親や姉なども集まり、外で会食をするのです。

このほか、二人の生活にあらゆる干渉をしてきます。例えば、家の中のインテリアや食事のことについても、

「ちょっとカーテンの色が暗いわねえ。わたしがいい柄、選んであげる」

「好みばかりじゃなくて、栄養のバランスをもう少し考えて食事をつくってくださいな」

家で過ごすときの美季さんの髪形や服についても、

「髪はきちんとまとめたらどう？　だらしがなく見えるわよ」

「そんなに肌を露出するんですか？」

といった具合です。もちろん、彼女のことですから、家事はきちんとこなしていますし、仕事や外出のときは、髪型や服装に気を使います。

このように、あまりにも口うるさい姑に、美季さんはイヤ気が差してきました。それよりも、すべて姑の言いなりになって、ちっとも煮え切らない夫の勝明さんに対してイライラしてしまうのです。

姑の口うるささを相談すると、

「悪気はないんだから、気にするなよ」

「君のためを思ってのことなんだから」

と、まるで相手にしてくれない。たしかに、姑だって根は悪い人ではないでしょう。し

かし、ここまで姑の肩をもつ夫に対して、美季さんの心の中に自然と、

「マザコンじゃないの？」

という疑念が起こってきても仕方がありません。

そんなとき、美季さんはわたしの研究所のことを知って、電話をしてこられました。

「すべてわたしのため」と解釈する

わたしは、マーフィーのつぎの言葉を紹介しました。

「もし、否定的な考えが浮かんできたら、それを愛と善意の考えに置き換えなさい」

という言葉でした。〝言うは易《やす》し〟で、そういうように〝善意〟に考えることは、なかなかできないものです。しかし美季さんは、その言葉をたえず自分のものにしようと努めました。そして姑に対して、イヤな感情や考えが出てきたら、それを愛や善意の考えに置き換える努力をしました。

インテリアに口出しされたときは、

「お母さまは、長年の経験から、実質的にいいインテリアを選んでくれている。冷静に長い目で見たら、本当にいいものなのかも知れない」

料理に口出しされたときは、

「わたしたちの健康を心配して、もっと違う料理をやってみたらどうか、と勧めてくれて

いるのだ」

髪型や服装を注意されたときは、

「年齢相応の、きちんとした女性に見られるためのアドバイスなんだ」

というふうに置き換えてみました。こういう心持ちになると、すべてが〝ありがたいこと〟に思われてくる。夫についても、

「母親を大事にする、やさしい人なのだ」

と考えるようになりました。考えるだけでなく、そういう気持ちを、表情や態度にも表わしました。

すると、不思議なことに、母親の方も、以前と違って、おだやかにそしてにこやかに話しかけてくるようになったそうです。そして今では、「お母さま」ではなく、「お母さん」と呼びかけるまでに、つまり本物の親子のようになったそうです。

こちらの心が変わると、相手の心も変わってきます。これもマーフィー博士のいう心の法則なのです。

マーフィー博士のQ&A

①わたしの人づき合いを夫が嫌がる

Q わたしには友人が多く、人づき合いも大好きです。でも夫は正反対で、どちらかというと、一人で本を読んだりする方が好きです。友人も少なく、できるだけ人づき合いを避けるタイプです。

そのため、わたしの社交的な性格が理解できないらしく、

「俺と一緒にいるより、友人と一緒の方が楽しいのかい」

といいます。夫の気持ちもわかりますが、人づき合いをやめたくありません。どうすればいいのでしょうか。

A これはある意味で、夫婦の価値観の違いです。つまり、自分にとって他人との交流が大切なのか、そうでないのか、ということです。

「恋人や夫婦は、価値観の合う相手を選んだ方がいい」

とよくいわれますが、すべての価値観の合う相手などそうそういません。むしろ、合わ

ない部分で、どう折り合いをつけるかが大事なのです。

もしあなたが、夫の要望を聞き入れて、友人とのつき合いを断念したら、どうでしょう。それは一時的には、夫は喜ぶかも知れませんが、やがてはあなたは後悔することになります。

なぜなら、自分の好きなことを我慢しつづけるために、あなたは本来の魅力を失っていくからです。そうすると、かつて夫が愛していたあなたではなくなってしまうでしょう。

「俺と一緒にいるより、友人と一緒の方が楽しいのかい」

という言葉ですが、これも間違いです。夫と友人とでは、魅力の次元が違います。たとえば、夫には愛情を感じているぶん、お互いヒイキ目があって、なかなか客観的な意見を述べたりできないものです。

ところが相手が友人なら、冷静な目で意見を述べたり、相手の生き方を参考にすることもあります。

また、夫から学べることと、友人から学べることは、異なるはずです。あなたの夫は、たとえば、本の知識に関しては学べるところが多いかも知れませんが、友人はそれ以外の分野、たとえば、アウトドアやスポーツに関しては学べることが多いかも知れません。

人間は、いろいろなものを吸収して、人格や個性ができあがるのです。ですから、あなたが人づき合いをやめてしまうのは、非常にもったいないことなのです。

マーフィーも「人を愛するとは、その人の全存在を愛することである」と語っています。つまり、あなたのもつすべての属性を愛することが、本当の愛だといえるでしょう。このことを、あなたの夫も知る必要があります。

ですから、夫とは別に、大切なものもあることを理解してもらうことです。夫が、あなたの魅力とは何であるかを知ってくれれば、きっとわかってくれるはずです。

ただ、どうしても理解してくれないときは、もう夫の言葉に従うことです。そして友人にも、正直に事情を話して相談することです。友人たちがその事情を理解してくれれば、また新しい展開がひらけてくるでしょう。

②仕事をもつわたしに、転勤先についてきてくれと言う夫

Q わたしは、デザイン事務所でグラフィックデザイナーの仕事をしています。夫は仕事を通して知り合った広告代理店の営業マンです。こんど、夫が海外に転勤になりました。そしてわたしに、

「転勤先についてきて欲しい」

というのです。しかし、わたしは今手がけている大きなプロジェクトがあり、そう簡単に会社を辞めるわけにはいきません。何より、

「夫は、わたしの仕事への情熱を理解してくれている」

と思っていただけに、たかが転勤で気持ちが変わってしまったのにはがっかりです。わたしは、やはり古風な妻のように、おとなしく夫の転勤先についていくのはイヤです。

A お互い仕事をする夫婦にとって、転勤は大きな問題です。結婚前の恋人同士なら、結婚のきっかけともなり得るチャンスですが、結婚後となると、離婚という逆の結末を招きかねないからです。

それは、お互いにいくら気心が知れ合っていようと、離れていれば、常に一緒にいられないために、不安がつきまとい、誤解や行き違いが生じるものです。これを避けるには、夫婦は一緒に住むことが賢明といえるでしょう。

では、あなたのように仕事を離れられない場合どうするか、ということですが、その前に根本的な問題があります。それは、夫に対するあなたの態度に、愛情が感じられないことです。まず気になるのが、

「たかが転勤で夫の態度が変わってしまった」

「古風な妻のようにおとなしくついていくのはイヤ」

という考え方です。転勤というのは、知らない土地で慣れない人間関係の中で働くことです。ましてあなたの夫は、海外に移るのです。言葉も生活習慣もまったく異なる場所でしょう。その心労やストレスは相当なもの。

それで妻を、今まで以上に頼りにしたいのが、夫の気持ちなのだと思います。逆にいえば、あなたをそれだけ心の支えにしているのです。もしあなたが、現状打破をしたいのなら、いろいろな選択肢が考えられるはずです。

もしかしたら、海外に拠点を移して、キャリアを生かした仕事に挑戦するチャンスが転がりこんできたと捉えることもできます。

現在のプロジェクトを終えたら、タイミングをみはからって、新たなるチャレンジをするのも一つの選択肢なのです。

Chapter.2

浮気・不倫でトラブるとき

不倫ブーム？

夫婦の危機の理由の一つに、浮気や不倫の問題があげられます。昔はよく「浮気は男の甲斐性」といわれました。ある俳優さんは、「不倫は文化だ」とまでいい、物議をかもしました。

浮気や不倫をどこか肯定的にとらえる向きもありますが、やはり本来は、とてもホメられる行為ではないですね。もともと「男の甲斐性」というのは、浮気をすることが甲斐性だという意味ではなく、妻以外の女性の生活をも、何不自由なく面倒を見られるだけの経済力があるという意味で〝甲斐性がある〟というのです。浮気を肯定した言葉ではないのです。

近年は〝失楽園ブーム〟に乗って、女性が浮気や不倫をするケースもふえました。というより、既婚の男女が、それぞれのパートナー以外の異性と恋をする、というのが、やや流行になっているから驚きです。しかも中高年に多いというのです。

マーフィーは、浮気について、

「愛はただ一つです。あなたの夫(妻)があなたを本当に愛していれば、他の異性に心を動かすはずがない」

と語っています。これは、夫があなたを本当に愛している限り、他の女性を好きになることはない……という意味です。その意味において、夫を信じていなさい……という意味です。

しかし逆に考えれば、夫がもし浮気をしているのなら、夫はあなたのことも浮気相手と同じ程度の存在としか見ていないことになります。


浮気を仕向けていないか?


もしあなたが、心の底から夫を愛しているのならば、やはり夫を信じるしかないのです。しかし逆もまたしかりで、あなたがもし、夫以外の男性を本気で好きになったのならば、夫への愛情もその程度だったのだといえるでしょう。

もし他に好きな男性が現れ、その男性が新たな夫となったとします。しかしあなたの心が、根本的に変化していなければ、あなたはふたたび同じ過ちを繰り返す恐れがあります。そのときは「今度こそ」と思っても、自分が生涯をかけて愛し続ける男性というのは、そうそう現れないものです。

またマーフィー博士は、

「浮気された妻(夫)は、夫(妻)にそれを仕向けたともいえるのです」

とも語っています。

「夫に浮気を仕向けたなんて！　とんでもない！」

と思われるでしょうか？　夫が残業続きで帰りが遅いとき、出迎えた妻が「毎晩、お疲れさま」「お仕事たいへんね」と、ひと言ねぎらいの言葉を夫はかけてほしいのですが、これと反対に、

「毎晩遅いのね。浮気でもしてるんじゃない？」

「いくら残業でも、こう毎日続くものかしら？　どこかで遊んでるんでしょう？」

と、夫に疑念をかけたとします。もうその小言だけで、仕事に疲れた夫はウンザリするでしょう。

もちろん、遅いのは社内の仕事だけではないでしょう。後輩を飲み連れていくのも、サラリーマンの大切な仕事の一つです。まして取引先と飲みに行くのは、本人が好むと好まざるとにかかわらず、重要な任務なのです。

いずれにしても、

「おつかれさま」

と言葉をかけてくれる妻に対しては、感謝の気持ちが芽生えるでしょう。もし遊んで帰ったとしても、それで後ろめたい気持ちになり、もう遊びをよそうと思うかも知れません。逆に、

「こんなに遅くまで！　浮気じゃないでしょうね！」

とこられた日には、もう腹が立つでしょう。

「オレはお前のために、毎日必死で仕事をしてるんだぞ。それを何だ！　浮気だなんてバカバカしい！」

というように、頭にくるでしょう。頭にきたついでに、

「そんなにいうんなら、本当に浮気してやるよ！」

となるかもしれません。もし本当に浮気していたとしても、

「確かに女性と遊んでたけど、あんな言い方されたら、ますます帰る気がしなくなるなあ」

と、よけいに浮気の後押しをするはめになるでしょう。

ですから、たとえ夫が浮気している可能性があるとしても、そのことを責めれば、逃げ場をなくした男性は、ますます家に寄りつかなくなるでしょう。

夫の対応に不満

反対にもし、あなたが浮気をしたのなら、夫にそれを仕向けられたと想定してみましょう。それは夫への愛情の裏返しであるとわかるでしょう。

「夫が、ちっとも自分をかまってくれない」

「夫が、自分を女性として扱ってくれない」

という不満から、自分が女性であることを認めてくれる相手を、家庭の外に捜しているのです。本当は、夫から愛されたいと思っているのに、それがかなわないから、その身代わりの男性を見つけたいのです。

ですから、その気持ちを、正面から夫へ向けましょう。そして夫から愛される自分をつくるのです。

「賢明な妻は、夫の愛人に力をもたせないものです」

マーフィー博士はこういいます。これは、夫の愛人の存在を、妻が認めたときから、その愛人の立場が確立する……という意味です。そこで、もし夫に愛人がいる気配を感じたら、それを決して認めてはいけません。

気づかぬふりをして、やり過ごすのが賢い妻です。たとえば、妻が夫に、

「愛人がいたのね！　ひどい！」

と問い詰めたとします。実際に夫は、たった一晩の過ちで、酔った勢いで関係をもってしまったのかも知れません。しかしそれを妻に責められると、

「そんなに愛人だと疑われるのなら、一度の遊びだけでは割に合わない。本当に愛人にするかな」

というように、夫の思いがけない欲望を引き出してしまいかねません。

ですから、もし夫に女性の影がチラついても、

「大したことはない」

と思い、寛容に愛深く、夫に接することです。愛人など、いつのまにかいなくなるでしょう。

いちばんいけないのは、夫の浮気に対する〝復讐の浮気〟です。

浮気は、けっしてゆるされない行為ですが、そこに愛情があり、それが真実の愛である可能性もあります。しかし復讐の浮気からは何も生まれません。お互いが傷つけ合うだけなのです。

(1) 夫が会社の部下と不倫をしているとき

やさしい夫

夫の浮気(不倫)で、いちばんその相手となるケースが多いのが、会社の部下でしょう。身近に接する機会が多い女性だからです。一緒に仕事をするパートナーですから連帯感も生まれます。それが恋に発展してしまう可能性は、大いにあるといえるでしょう。

白石望(仮名・二十九歳)さんは、結婚して半年。まだ子供がいないので、短大を出てすぐに就職したカルチャーセンターで受付の仕事を続けています。カルチャーセンターというのは、生徒集めに忙しいもので、望さんも、現在広報の仕事や営業の仕事を受けもっています。

夫の洋治(仮名・三十二歳)さんは、輸入自動車の営業マン。洋治さんは、大学を出てすぐに就職した日本の自動車会社を辞め、現在の会社に転職して三年になります。この業界も、国産自動車の価格破壊などで、決して好調というわけではありませんが、洋治さんの人柄も手伝って、売上の成績はまずまずといったところです。

二人の出会いのきっかけは、大学のテニスサークル。望さんは女子大に通っていましたが、ある日、別の大学のテニスサークルの勧誘につかまりました。そこで声を掛けてきたのが、洋治さんだったのです。

一緒にいた友人と相談して、望さんはそのサークルに入ることにしました。実は望さんは、洋治さんに一目惚れしました。でも当時、彼にはつき合っている女性がいました。でも望さんが、思い切って気持ちを打ち明けると、

「いいよ」

と洋治さんは応えました。恋人と別れて、望さんとのつき合いを始めたのです。以来、十年もの長いつき合いがつづきました。途中、洋治さんが別の女性とつき合ったことも多々ありました。実は洋治さんは、いろいろな女性とつき合っては、また望さんの元へ戻る……というパターンを繰り返していたのです。

望さんが泣きながら、親友の浜野真理子(仮名)さんに相談すると、

「あんな人、さっさと別れちゃいなよ」

と言われました。しかし最終的に、洋治さんが自分にプロポーズしてくれたということで、望さんは幸せになり、

「今までの苦労が報われたわ」

と、喜びで胸がいっぱいでした。洋治さんは、人当たりがよく、頼まれるとなかなかイヤとはいえない性格です。望さんに対しても、いつもやさしい。望さんが仕事で忙しく

て、家事にあまり手が回らない時も、

「忙しいんだから仕方ないよ」

と、文句一ついいません。

「なんてやさしい夫かしら」

望さんは、洋治さんと結婚した幸せを実感していました。

あのやさしさが不倫を……

ところが、この幸せな生活もそう長くは続きませんでした。洋治さんが不倫をしていたのです。相手は会社の部下の女性でした。

洋治さんの浮気が発覚したのは、たまたま洋治さんの会社の近くに、望さんが社用で立ち寄ったときのことです。直帰予定の望さんは、用事を終えた時刻が洋治さんの退社時刻だったので、

「たまには外で一緒に夕食しよう」

と思い立ち、彼の会社へ電話したのです。あいにく洋治さんは不在で、取引先から直帰することになっていたのです。

「ま、あきらめてウインドーショッピングでもして帰ろうか」

と、デパートに寄ることにしました。ところが、そのとき偶然、望さんは洋治さんを街

で見かけたのです。なんと若い女性と二人でした。しかも望さんは、その女性に見覚えがありました。たしか、彼と同じ会社の直属の部下で、家に遊びに来たこともある子でした。

その時は三人で来たのですが、なかでも美人でスタイルのいい彼女のことを、望さんは覚えていました。気になった望さんは、夫とその女性の後をつけました。

すると、なんと二人は都内のホテルに入っていったのです！　そしてその夜、夫は遅く帰宅しました。

望さんは、洋治さんの行動にショックです。そして、学生時代からの親友である真理子(仮名)さんに相談しました。望さんは、

「彼のやさしさは、やっぱり嘘だった。裏切られたのね」

と嘆きました。

すると、真理子さんは、

「彼のやさしさは嘘ではないと思う。あなたを裏切ったわけではないのよ。きっと何も変わっていないだけなのよ」

と応えました。つまり、彼の性質が、昔と変わらずにやさしい男性だから、昔と同じように浮気するのだというのです。

不倫は葛藤を生む

望さんは、真理子さんの言葉をよく考えました。そして、そもそも自分と夫の交際のはじまりが、自分の気持ちを知った洋治さんが、当時の彼女と別れて自分とつき合うことにしてくれたことだったのです。

その後、やはり同じように彼を口説いた女性と、平行して交際したこともあったのですが、結局は自分のもとに戻ってくれて、最終的に自分との結婚を決めてくれました。

その夫が、今度は浮気をしている。それらの流れを冷静にながめたとき、はじめて望さんは、洋治さんのことを理解したような気がしました。そして、

「わたしは洋治さんが好きだから、一緒にいられたらそれでいい。彼がわたしにやさしくするように、わたしも彼にやさしくしよう」

と決意したのです。これは、マーフィーの言葉を借りていえば、

「愛とは、自分のために望むことを相手にも望み、二人で幸福をわかち合うということです」

ということになります。つまり無理やり、自分の幸せのために、相手に何かを強いることは間違いだというのです。

洋治さんのやさしさは、ある意味では罪作りですが、それがまた彼の良さでもあるのです。望さんは、それまで責めることができませんでした。

ところが、それからほどなくして洋治さんは、部下の女性との不倫を終わりにしまし

た。彼は、

「僕のやさしさは、偽りのやさしさだった。嘘つきだった。もう、嘘のやさしさはやめにしたいと思っている……。……僕はずっと昔からこうだった。なんにも変わっていない。ずっとこうだった。……淋しかった。とにかく淋しくて……。お母さんがいなくなってから、ずっと。いつも側に女の人がいないと、淋しくてしようがないんだ……」

と告白しはじめました。やはり洋治さんもまた、心の中の葛藤にずっと苦しんでいたのです。子供のころ、洋治さんのお母さんは家出をしました。いわゆる男の人との駆け落ちです。心の中で母を憎み、自分はああいった夫婦になりたくない……と思いながら、お母さん恋しさから女性を求めてしまうのです。

自分でも、どうしようもない思いに駆られて、不倫に走った彼でしたが、やはり心の奥底の良心は苦しんでいたのです。

しかしこの一種の懺悔《ざんげ》の後、洋治さんの心はスーッとして変わりました。求めていた母親像への思いが、望さんに向けられたからです。

今は奥さん思いの、本当の意味でのやさしい夫になったのです。

(2) カルチャーセンターの講師との不倫

ありふれた結婚

主婦が、夫以外の男性と接する機会は意外と少ないものです。

しかし夫との関係がなれあいになり、他の男性が魅力的に見えることは、よくあることです。ましてその男性が、何らかの尊敬に値する人物であれば、なおのことです。

鈴木文江(仮名・三十五歳)さんは専業主婦。幼稚園児の五歳の男の子が一人います。大学卒業後、製紙メーカーで一般事務の仕事をしていましたが、結婚を機に退職しました。

ようやく子供もやや手がかからなくなり、そろそろ手に職をつけたいと思い、カルチャーセンターに通いました。その教室では、おもにデザインとコンピュータを習ったのです。

大学時代からイラストやデザインに興味がありましたので、ゆくゆくはCG(コンピュータグラフィック)デザインの仕事に就ければと思っていました。

でも、たまたま大きな企業の内定がもらえたので、

「まあ、将来のためには、ここでもいいか」

と就職を決めてしまったのです。そして、その職場で文江さんは夫の修一(仮名)さんと出会ったのです。

夫の修一さんは三十八歳。大学を出て現在の会社に就職。今は係長になっています。二人が出会った当時、修一さんは彼女の隣の部署で営業をしていました。そして彼女が何度かおつかいで、修一さんの部署に顔を出しているうち、お互い気になる存在になり、忘年会がきっかけで、二人の仲は親密になったのです。

その後、五年間の交際を経て、修一さんは文江さんにプロポーズをしました。文江さんも、実はおつき合いをした男性が彼一人だったので、

「そろそろ結婚しようか」

と決心し、二十九歳になったとき、結婚したのです。翌年、子供が生まれ、現在に至っています。

刺激がほしい

ただ、文江さんは最近まで、

「結婚して……、子供も大きくなって……、このまま刺激のない毎日を送って行くだけなのかしら……。自分の人生って何なのかしら……」

と、ずっと考えてきました。そして、

「何か打ち込めることがしたい」
と夫に相談して、カルチャーセンターに通うことを承諾してもらったのです。おかげで文江さんの気持ちも、今ではだいぶ落ち着いてきました。

しかし、その心の支えとなっているカルチャーセンターで、文江さんの人生の転機が訪れたのです。ただそれは、本来彼女が目指している意味での転機ではなく、もっと意外な出来事だったのです。

文江さんがその教室に通うようになって二カ月目のこと。教室での習いごとにも慣れ、主婦の友だちもでき、楽しくなってきた頃です。

文江さんが教室に一人残って、コンピュータの練習をしていると、いつもポンと肩を叩いて、
「だいぶ上達しましたね」
と声をかけてくる人がいました。その人はコンピュータグラフィック教室の講師で鎌田良平(仮名・三十一歳)さんです。

彼はＣＭの広告などを手がける、一流のグラフィックデザイナーです。スラリと背が高く、目元の涼しいハンサムな男性です。そして教室の主婦たちの憧れの存在でもありました。文江さんも例にもれず、密かに彼をステキだと思っていました。

そのうち、二人は教室が終わると、しばしばカルチャースクールの中にあるコーヒーラ

ウンジで話をするようになりました。やがてそれが外の喫茶店へと移り、レストランへと移っていきました。

そして文江さんは、鎌田さんの誘いに応じて、ベッドをともにしたのです。心の中では〝いけないこと〟だと思いながら、どうしようもなく、彼との恋に夢中になっていました。

今まで、真面目一本やりの夫との恋愛しか知らなかった彼女にとって、鎌田さんは、女性としてさまざまな喜びを感じさせてくれる男性でした。また、

「君だけを愛してるよ」

「君は、世界でいちばんすてきな女性だよ」

といったことを、毎回文江さんに言うのです。彼女は、

「恋って、こんなにすてきなものだったのか」

「純愛ってこういうことをいうのだわ」

と思いました。

「夫とは、何となく結婚したけど、早まったのかしら」

とまで考えるようになりました。ちょっとしたカルチャーショックでした。そして今度は、

「夫は、わたしをこんな幸せな気持ちにさせてくれたことがなかった」

「夫じゃなく、鎌田さんのような男性と結婚すればよかった」

と考えるようになったのです。こうなると、もう夫のことがうとましくなるだけです。反対に、いつも頭の中は鎌田さんのことでいっぱいです。

幸せになれない恋

そんなとき、文江さんにショッキングなニュースが舞い込みました。それは、鎌田さんが結婚するという知らせでした。おしゃべり好きな主婦の友だちが教室のみんなにふれ回っていたのです。しかもその相手は、人気タレントだったのです。つぎの密会の日、文江さんは鎌田さんに言いました。

「結婚するのね。おめでとう……」

すると、意外なことに、鎌田さんはまったく悪びれずに、

「ありがとう。結婚してもつき合いは続けようね」

と答えたのです。文江さんが驚いて、

「何いってるの？　そんなことできるわけないじゃない！」

と応えると、彼は、

「どうして？　立場が対等になっただけだよ。W不倫っていうじゃないか。まぁ面倒ならやめてもいいけどさ……」

と、さらに驚くような言葉を吐きました。

文江さんは、その日以来ずっと放心状態になり、カルチャーセンターには行かなくなりました。

「わたしは、鎌田さんとの恋愛を、純愛だと思っていた。でも彼は、不倫だと割り切っていた。ひどい……」

とさとったのです。よくよく考えてみると、鎌田さんのいうことは、もっともな部分もあるのです。それは、文江さんが一方的に純愛と思っていただけで、外見は単なる不倫でしかないのです。そして鎌田さんは、それを彼女に伝えたに過ぎません。それに気がついた時、彼女はひどく自分の行いを後悔しました。

「本当にひどいのは、夫を裏切ったわたしだった」

以後、文江さんは例のカルチャーセンターをきっぱりとやめました。夫と子供に、心からの懺悔をして、これから、夫と子供を大切にしようと誓ったのです。

マーフィーの言葉に、

「失恋したら、その恋に価値があったかどうかを考えてみることです」

というのがあります。つまり失恋は、もっと幸せになるためのステップボードである場合もあるのです。文江さんの場合、もともとが不倫だったわけですから、こわれた方がいい恋だったわけです。

幸せになれない恋は、いつかは失うことになるのです。

(3) 夫に飽きたときの不倫の誘惑

夫に飽きた

外国人の通うバーやクラブは、今でもＯＬや主婦に人気があります。背が高くてハンサムで、俳優のような外国人がたくさん出入りする店となれば、多くの女性が集まるのも無理はありません。

松岡幸子(仮名・三十四歳)さんは専業主婦。子供は小学生の男の子と女の子が一人ずつ。大学の英文科を卒業後、精密機械の会社で一般事務をしていましたが、二十五歳のとき、結婚が決まって、いわゆる〝寿退社〟をしました。

以来、家事や育児に追われる毎日でしたが、下の子供が小学校に上がったのを機に、現在は近くのスーパーのレジのパートに出ています。

夫の誠(仮名・三十四歳)さんは、小さな商社で営業の仕事をしています。帰宅はたまに遅くなることもありますが、たいていは早く帰り、休日もほとんど家で過ごすことの多い、真面目な男性です。

二人は、高校の同級生です。といっても、高校時代からつき合っていたわけではありません。というより、在学中は、あまり口を利いたこともなかったそうです。ところが、十年ほど前、二人は同窓会で再会しました。その会で盛り上がった勢いで、交際がスタートしたのです。それから結婚までは、約四カ月という速さでした。

幸子さんも、一般事務の独身女性としては、そろそろ結婚を考える微妙な年齢でした。誠さんも、好きな女性と温かい家庭をもつという憧れがありました。今どきめずらしく、彼は幸子さんに交際を申し込むときに、

「結婚を前提としておつき合いしてください」

と言ったのです。結婚してすぐに子供が二人生まれ、まわりからはとても幸せそうな夫婦に見えました。

ところが幸子さんの中には、結婚後、着実に不満が募っていました。夫は、判で押したように、毎日、同じ時間に帰宅するマジメ亭主です。こういうと、

「結構なことじゃない？」

と思われるでしょう。でも幸子さんには、それがイヤでした。それに誠さんは、昼休みには、必ず自宅に電話を入れるのです。とくに用件はありません。ただ彼女の声が聞きたいだけです。

誠さんのこの気持ちもよくわかります。でも幸子さんにとっては、何となく監視されているようで、あまりおもしろくないのです。

「べつに毎日電話しなくても、こっちはだいじょうぶよ」

と幸子さんがいうと、

「なんだよ。俺の電話が迷惑なのか？」

といじけてしまう。それで仕方なく毎日電話を受けています。

もちろん結婚前も、誠さんは一日に何回も電話をかけました。ただそのときは、幸子さんも喜んでいました。しかし、それがまさか結婚後も続くとは思わなかったのです。

また、早く帰ってくるわけですから、夫と過ごす時間は必然的に長くなります。これがまたイヤなのです。毎日、家で夕飯を食べるので、料理の手抜きもできません。会話の相手をするのも面倒です。とくに夜、夫の相手をするのがイヤで、たいていは、

「疲れているの」

と断ってしまいます。でも夫の誠さんはいい人ですから、

「彼に悪いかなあ」

と思い、毎回は断らないのですが、どうしても今さら夫には、男としての魅力を感じることができないのです。

アメリカ人男性との恋

家にずっといるのがイヤな彼女は、夫に相談してパートに出ることにしました。とくに

外で働きたかったわけではありませんが、家にいて悶々としているよりは、いくらかマシかなと思ったのです。

こうして幸子さんは仕事を始めました。なにしろ、ほぼ一〇年ぶりに外で働くわけですから、緊張もありましたが、何かに期待するような気持ちもありました。

職場で、相川美代子(仮名・三十二歳)さんという主婦仲間もできました。幸子さんはハリキって仕事をしました。そして初めての給料日。

「このお金で、たまには家族で食事に行こうかな?」

と幸子さんが考えていると、美代子さんがやってきて、

「今夜、みんなで飲みに行かない?」

と彼女を誘いました。幸子さんはちょっと迷いましたが、夫の携帯電話に連絡をしたら、子供の面倒は見てくれるというので、飲みに行くことにしました。

「飲みに行くっていっても、どうせ駅前の居酒屋だから近いし……」

と気軽に考えていた幸子さんでしたが、電車に乗って行き着いた先は、六本木の白人男性がたくさんいるバーだったのです。OL時代でさえ、そんなハデな遊びをした経験のない幸子さんは、たいへん驚きました。

「こんなところで遊んでいたら、夫に悪いわ」

という考えが、彼女の表情を曇らせました。でも美代子さんの、

「なに心配しているの？　主婦だってストレスが溜まるんだもの。これくらいの遊びでバチなんか当たんないわよ」

という言葉に後押しされ、その後も月に一度のペースで、六本木のバーに通うようになりました。やがて幸子さんのメイクや服装は、ＯＬ時代のときめきを取り戻すかのように派手になっていきました。そして二カ月ほど経ったとき、彼女はそのバーで、一人のアメリカ人男性に声をかけられたのです。

たどたどしい日本語だけど、背が高くて甘いマスクの好男性でした。幸子さんは一目で夢中になり、その夜、酔った勢いもあって、そのアメリカ人男性の部屋へ行きました。そして深い仲になったのです。

彼女はその後も、その男性が忘れられません。毎日でも彼に会いたいのですが、時間の都合もあって、週に一度がやっとでした。それでも、その男性の、

「I Love You.」

という一言が聞きたいので、彼の部屋へ通いつめたのです。

夫のよさを忘れてた

何度目かの密会のとき、いつものように彼の部屋で、幸子さんが抱かれていると、突然ひとりの女性が乱入してきました。なんとあの美代子さんでした！

「なんで？　わたしだけって言ってたのに。いろいろ買ってあげたのは、いったいなんだったの？」

と彼女はその男性をののしりながら、部屋中の物を彼にぶつけました。幸子さんは何がなんだかわからないまま、恐ろしくなって彼の部屋を飛び出し、やっとの思いで、自分の家へたどり着きました。

幸子さんは、改めて今自分の置かれている状況を、客観的にとらえることができました。つまりだまされていたのです。美代子さんも同じです。もしあの男性との仲がもっと続いていたら、幸子さんも彼に色々と貢いでいたかも知れません。

翌日、幸子さんがパートに出勤すると、美代子さんはカゼで休んでいました。それから一週間後、彼女がパート先を辞めたのを知りました。きっと幸子さんに対してバツが悪かったのでしょう。幸子さんも、あれ以来バーには行っていません。あのパートももう辞めました。

幸子さんは、深く反省して、こう思いました。

「夫は、いつでも家にいて、自分を気遣ってくれる真面目な人。夫にめぐり逢えて本当によかった……」

幸子さんは長い間、夫のよさを忘れていたようです。マーフィーは、こういう言葉をのこしています。

「本当に愛している人間は、相手に不親切な言動は一切しないものです」

誠さんの幸子さんに対する行いは、不親切なものではありません。幸子さんが、一方的に不親切に受け取っただけなのです。同じ行いでも、愛がなければ、イヤだと感じるのです。

結婚前は、喜んで毎日していた電話も、結婚したとたん、夫を愛することを忘れた幸子さんには、自分を監視する行為だと感じました。しかし夫への愛が復活することで、それが自分を気にかけてのことだと喜べるのです。

(4) 夫の風俗通いが発覚したとき

風俗は別物

たとえ恋人がいようが、妻がいようが、

「風俗は別物。好きだから通うよ」

という男性は少なくありません。基本的に、伴侶に求めるものと、プロの女性に求めるものとは、まったく異なるのだそうです。

金子まどか(仮名・二十五歳)さんは、短大を卒業後、繊維会社で営業事務の仕事をしていましたが、一年半前に結婚して、今は派遣社員の仕事をしています。雑務にわずらわされず、残業の心配もないので、主婦にはピッタリの勤務形態だと喜ぶまどかさんです。

まどかさんの夫、志郎(仮名・二十五歳)さんは、まどかさんが以前勤めていた繊維会社の営業マンです。彼女と同じ部署でした。

年齢が同じでも、大卒の志郎さんは、後から入社したので、会社ではまどかさんの方が先輩でした。とはいえ、同い年という気安さから、志郎さんは何でもかんでも彼女に仕事を頼みました。はじめは、

「どっちが先輩なのよ？　態度大きいんだから！」

と、やや気に食わないと思っていたまどかさんも、親しくなるにつれ、彼に情が移り、気がつくと二人は、プライベートでもつき合うようになりました。

お互い一人暮らしの身でしたから、相手のマンションを行き来するうちに、半同棲状態に発展しました。心配したまどかさんの両親が、二人に結婚を勧めたのです。こうして二人は、両方の親から祝福されながら、めでたく結婚したのです。まどかさんは、結婚後も変わらずに、夫がやさしいので、いつも、

「この人と結婚してよかった」

と思っていました。

そんな幸せな夫婦生活に亀裂が生じたのは、ほんの一カ月前のことです。いつものように、少し遅く帰宅した志郎さんにお風呂を勧め、まどかさんは彼のスーツや鞄を片づけていました。すると、誤って彼の鞄を落としました。その結果、中身がバラまかれました。

「あ～あ。彼に怒られちゃう」

ため息をつきながら、鞄の中身を拾っていると、システム手帳の間から一枚のカード型のものが落ちてきました。手帳に戻そうとして、何気なくそのカードを見たまどかさんは、思わず自分の目を疑いました。

なんとそれは、風俗店のサービスカードだったのです。しかも、一つ二つの店ではあり

ません。同じようなカードが、手帳の中から数枚でてきたのです。まるで、いきなり頭を殴られたような衝撃が、まどかさんを襲いました。

そこへちょうど、志郎さんがお風呂から出てきました。彼は、いたずらを見つけられた子供のように、

「あ！　見ちゃった？」

と、まるで悪びれたところがない様子。納得できないまどかさんは、

「どうして、こんな場所に行ったの？」

と問い正しました。しかし志郎さんは、

「単なる遊びだよ。浮気とか不倫じゃないから」

「お前のことは、もちろんいちばん大切に思っているよ。でも風俗に行くのは、それとは別の気持ちなんだよ」

というのです。とてもまどかさんには理解できない。しかも彼は、結婚前から風俗に通っていたのです。まどかさんは、彼がわからなくなりました。そして、その日から、まどかさんは志郎さんに接することができなくなりました。彼が、ひどく汚らしい人間に思えてきたからです。

以降、彼との接触は一切避け、当然、夜も別々に寝るようになりました。

性欲は、真に愛する人には向けない

そんなある日、会社帰りのまどかさんは、街で偶然に、志郎さんの同僚の村西祐二(仮名・二十五歳)さんに会いました。この同僚は、志郎さんとまどかさんと三人で、お酒を飲みに行ったこともある仲です。村西さんは、ちょうど一年前に、北海道に転勤になっていました。

「いつ帰ってきたの?」

と尋ねると、村西さんは、

「ついさっき。志郎も驚くだろうね。せっかくだから、ちょっと飲みに行こうか?」

と彼はまどかさんを誘いました。村西さんは独身。二人きりはマズイかなと躊躇しましたが、志郎さんの風俗にくらべたら大したことじゃないとも思えたので、村西さんと飲みに行くことにしたのです。

店に入ると、村西さんは開口一番、

「俺ね、北海道支社の女の子と結婚するんだ」

と言いました。それは、まどかさんを安心させようとする彼なりの配慮だったようです。これでまどかさんも次第にお酒がすすみました。そこでまどかさんは、お酒の勢いを借りて、思い切って志郎さんのことを相談してみました。

すると村西さんは、思いがけないことを語りはじめました。なんと村西さんも、志郎さんに誘われて、風俗に行ったことがあるというのです。村西さんは続けてこう語りました。

「男が風俗に行く目的は一つだと思う。性欲を満たすためだろうな。相手はプロの女性だもの。愛情なんてまずもてないよ。怖いもの。いや、愛情なんかあったら困るんじゃない？　金銭で割り切って、後くされなくやるのに、情がカラんだらやっかいになると思うよ。トラブルのもと。俺だって何度か行ったけどね」

「逆に、本当に好きな女性に対する気持ちは、まったく別。好きな女性となら、ただ一緒にいるだけでも幸せだろう？　でも男の場合は、若いやつはとくに、性欲は性欲として、満たしたいんだよね。ところが、大好きな相手に、性欲を満たす目的でSEXを強要できるかい？　できないさ。できないとき、男は風俗に行くんだよ」

まどかさんは、ふと思い当たることがありました。そういえば、志郎さんの風俗通いが発覚する前の日も、夜の関係を求められながら、仕事でとても疲れていたまどかさんは、

「今日は疲れているから」

と断っていました。もしかしたら、彼の風俗通いの原因を作っていたのは自分自身だったのかも知れない……と、まどかさんは考えました。すると、彼の行動が、逆に自分への愛情だと思えてきました。

このように考えるうち、彼のことをゆるしてあげようかな……という気持ちになってきました。マーフィーの言葉に、

「嫉妬を感じたら、何か愛の対象に目を向けることです。愛と嫉妬は共存できないものだからです」

というのがあります。つまり、マイナスの気持ちは、プラスの気持ちで打ち消すことができるのです。その気持ちをもてる対象を見つけなさいということです。まどかさんの場合は、嫉妬したのも愛の対象になるのも、どちらも夫でしたが、それによってマイナスの感情から彼女は解放されることができました。

(5) 夫が昔の恋人と会っている

今も学生気分

結婚する相手と出会う前に、他の恋人とつき合っていた……これは世の多くの男女がそうでしょう。しかしそういう過去があってこそ、現在があるのですから、これは隠すべき過去ではありません。

ところが、夫が前の恋人に今も会っているとなると、話は物騒になります。

塚田美里(仮名・三十一歳)さんは、女子大を卒業後、貿易会社で秘書をしていました。英語が堪能な、聡明な女性です。幼稚園に通う五歳の娘がいます。昼間は、近くに住む実家の両親にこの娘の面倒を見てもらっています。

人を疑うことを知らずに育った、気立てのやさしい女性です。

美里さんの夫・邦雄(仮名・三十四歳)さんは、私立高校の化学の教師をしています。いわゆるやさ男で、たよりないところもありますが、根は思いやりのあるいい人です。

そんな二人の出会いは、大学時代のバイト先。二人は別々の大学でしたが、ある塾で一緒にバイトをしたのです。バイト先には大学生が多く、まるでサークルのようなノリで、大人数でつるんでは飲みに行ったり、スキーに行ったりしました。

そんな中で、互いに好意を寄せていた二人のつき合いが始まりました。この二人が結婚してから、すでに六年が経ちますが、いまだに人もうらやむ仲よし夫婦です。しかしそんな幸せな夫婦関係にも、静かに荒波が押し寄せてきました。

美里さんと邦雄さんのバイト時代の仲間とは、いまだに友達づき合いが続いていました。その中でもう一組、夫婦となった二人がいました。それは三年前に結婚した高橋啓介(仮名・三十三歳)さんと可菜(仮名・三十二歳)さんです。二人にはまだ子供がいません。

彼らを含めた大人数で、月に一度は、ホームパーティーを開き、お酒を飲みに行き、キャンプに行く……いまだに学生時代のサークルのような関係です。

つい先日も、いつものメンバーで高橋家に集まり、ホームパーティーをしよう……ということになりました。しかし、あいにく邦雄さんだけは、仕事の都合がつかずに欠席しました。美里さんは仕方なく一人で参加しました。

しかしその席で、美里さんはとんでもない噂を耳にしたのです。

昔の恋人と歩いている?

高橋さんの家に、少し早めに着いた美里さんは、可菜さんの料理の手伝いをしていました。

「悪いわね。お客様に手伝わせちゃって」

と、可菜さんがおどけると、美里さんも、

「ほ～んと。人づかいの荒い家ね」

とお返しします。そんな雰囲気で二人はキッチンに立っていました。そこへ、可菜さんの夫である啓介さんが帰ってきました。急いで出迎えに行った可菜さんに、

「ただいま～。可菜、腹減ったよ～」

と、まるで美里さんが来ていることに気がつかない様子です。ところが、そのあと啓介さんは、続けて可菜さんに、

「さっき、会社の近くで邦雄を見かけたんだけど、あの礼子さんと一緒だったよ！」

と、立て続けに話かけました。

美里さんは、礼子さんという人を知っていました。関根礼子(仮名)さんといって、邦雄さんの高校の同級生です。彼女は大学へは行きませんでしたが、一度だけバイト仲間の集まりに、邦雄さんに連れられて来たことがあります。当時、邦雄さんと礼子さんはつき合っていたからです。

しかし、大学生と会社員という立場の壁があったらしく、二人はその後、別れました。

そしてしばらくして、邦雄さんと美里さんはつき合いだしたのです。

美里さんは、夫と礼子さんの密会の話にショックを受けました。昔の彼女というのは、

男性にとって特別な存在だからです。

もちろん、美里さんにも邦雄さんの前につき合っていた彼氏がいました。高校時代の陸上部の一年先輩、片平純(仮名)さんでした。しかし、お互いに大学に入ってからは忙しくなり、これといった理由もなく自然消滅してしまったのです。そんなわけですから、美里さんは、いまでもときどき、

「もしも、あの時、彼と結婚していたら……」

と考えることがあります。ただ、女性の場合は、わりといさぎよく前の恋人を忘れることができます。しかし男性は、なかなか過去の恋人を忘れられないものだといわれます。

「もしかしたら、邦雄さんもそうなのではないか?」

と美里さんは不安になったのです。

そんなとき、美里さんは、片平さんに再会する機会がありました。それは、高校時代の陸上部の同級生の結婚式でした。最近は、女性も三十代で結婚することが珍しくありません。同級生の彼女は、区役所で働いているのですが、結婚相手の男性は六歳年下の二十八歳。同級生の女友だちから、

「そんな若い男つかまえて! ずるい」

とひやかされる有り様です。それはそうと、その式に片平さんも来ていたのです。懐かしさから、片平さんと美里さんは二次会で話しこみ、二人は二次会を抜け出し、そのまま

三次会に行ってしまったのです。

片平さんは、現在、家業を継いで不動産屋の経営をしています。高校時代の思い出話をするうち、高校時代の二人がよみがえり、美里さんの胸は、少女のようにときめきました。

美里さんは、家に帰ったら、なにげなく礼子さんの話を聞いてみよう……という気になりました。

本物の愛は、邪魔できない

式から帰宅した美里さんは、さっそく邦雄さんに、

「今日、初恋の人に会ったのよ。懐かしかったわ。そういえば礼子さん、どうしてるかしら」

と、さりげなく話題をふってみました。もし二人が、あやしい関係でなければ、きっと会ったことを話してくれると思ったのです。

邦雄さんも、それを察したのか、礼子さんのことを打ち明けてくれました。

礼子さんは、今生命保険の営業をしていますが、経営状態があまりよくなく、それで邦雄さんの職場へ電話してきたのです。邦男さんは、彼女の相談に乗ってあげたのです。

「彼女は高校時代、成績優秀だったんだ。でも家の事情で、大学進学をあきらめたんだ。

そして親にすすめられて結婚し、子供もいるんだけど、最近、離婚したらしいんだ。さすがに俺も、放ってはおけないよ。でも本当に相談に乗っただけだから。ただ、誤解されるとイヤだから、彼女と会ったことは黙ってた。隠すような気持ちじゃないんだ。でも変な誤解を与えていたら、ごめん」

彼女は、こんなに正直に話す夫が、とても愛しく思えました。そして夫のことを信じることにしました。こうして二人は、また平穏な生活に戻りました。

マーフィーの法則は、

「真実の愛は、無限大の力を持ち、何者にも破壊することができない。二人の愛を邪魔するような周囲の言動には、耳を貸さないことです」

とあります。平たくいえば、二人の愛が本物なら、それを邪魔することは誰にもできないのです。だから、邪魔する人の言動(噂話《うわさ》など)に振り回されないことも大事なのです。

マーフィー博士のQ&A

①夫が女友だちと浮気している！

Q　先日、夫の浮気が発覚しました。しかも、こともあろうに、浮気の相手が、わたしの親しい女友だちでした。実は以前、この二人はつき合っていたのです。ところが、彼女には浮気癖があり、それに悩む彼の相談を受けるうちに、彼がわたしを好きになったのです。

わたしは悩んだ末に彼とつき合い、考えに考えて結婚したのです。それなのに、夫はこのような形でわたしを裏切ったのです。夫も女友だちも、絶対にゆるすことはできません。

どうすれば、この恨みを晴らすことができるでしょうか？

A　夫の浮気は、よくある夫婦の問題です。浮気は、一時の〝気の迷い〟から生まれるものですから、二人に解決する意思があれば、夫婦間の大きな亀裂には発展しない場合もあります。

それも相手によっては難しい場合もあります。妻がまったく知らない女性である場合と、妻がよく知っている女性である場合とでは、明らかに妻の対応が違ってきます。「あの女に？」となるからです。

あなたのように、夫の浮気相手が親しい友人であればなおさらです。

しかしよく考えて下さい。あなたにそういう意識がなかったとは思いますが、先にあなたが、その女友だちから夫を奪ったと考えることもできますね。因果はめぐるのです。

マーフィー博士も「人の妻(夫)を奪うものは、奪われる」と言っています。もしかしたら、現在の夫とつき合うようになった時、その女友だちから、あなたは恨みを買わなかったでしょうか？　また、仮に女友だちが、あなたを恨んでいないとしても、あなたの無意識の中には、つねに彼女への罪悪感がつきまとっているかも知れません。

なぜなら、あなたは彼とつき合うときも、結婚するときも、その女友だちの存在を忘れることができなかったからです。あなたが彼に抱く、

「彼とつき合っても、うまくいくかしら？」

「彼と結婚してもだいじょうぶかしら？」

という不安な思いが、あなたの潜在意識の中にとどまっているのです。そしてその思いが、そのままあなたと彼との関係を壊してしまうのです。

あなたがまずすべきことは、あなたの意識の中から、女友だちへの恨み・不安を消し去

ることです。そうしなければ、いつまでたっても、夫と女友だちの関係を精算させることはできないでしょう。

繰り返しますが、あなたの中で、夫の浮気の原因である、そういった心をとり除くことです。そうすれば、夫は女友だちとの浮気をやめるでしょう。

たとえば、夫をぞんざいに扱っていなかったか、夫を怒らせる態度を取っていなかったか……など、自分の行動をふり返って、夫への態度を改めてみることも一つの方法です。

自分にはちょっとしたことでも、相手にとってはとても傷つくことがあるのです。そういった妻の小さな心がけが、夫の浮気心を治める場合があるのです。

また、夫に対して〝恨みを晴らしたい〟とのことですが、夫にそのような感情をもてば、たとえこの女性との浮気をやめさせることができても、また他の女性と浮気したり、別の難問がきっと発生するでしょう。

心の中の原因をとり除くことが、何より大切なのです。恨みの感情は、いっさい捨て去り、夫の幸福を祈ることです。夫はやがて、あなたの愛に感謝し、二度と浮気はしなくなるでしょう。

②夫が女子高生と援助交際をしている

Q 夫が女子高生と援助交際をしていることがわかりました。何よりも、夫の浮気相手が、大人の女性ならまだしも、おこづかいを欲しがる少女なのです。おこづかいをあげて、女子高生とつき合っているのかと思うと、とても情けなくなります。こんなどうしようもない夫と、これからどのように夫婦関係を続ければよいのかわかりません。

A 夫の浮気相手が女子高生で、おまけに援助交際だというのは、かなりのショックだと思います。あなたはたぶん、夫が浮気したこともゆるせないでしょうが、浮気相手が少女で、しかもお金を払っていることに対して、我慢ならないのではないですか。

しかしよく考えてみると、お金でつき合う女性ですから、その女子高生は、水商売の女性と同じでしょう。ならばその浮気は、まったくの遊びだと割り切ることができます。いくらつき合いたくても、本当に好きな女性を、お金で買う人はそうそういないでしょう。

そして、援助交際をするような夫でも、「情けない夫」「どうしようもない夫」だというふうに考えてはいけません。もしかしたら、ふだんから夫をバカにした態度で接してはいませんでしたか？　そのような心は、夫の浮気の一因となりえます。

マーフィー博士は、

「夫婦は、お互いに慈しむべきです。仮に、伴侶の言動にムッとすることがあっても、丁寧に接しなさい。それが幸せな夫婦の秘訣なのです」

と言っています。つまり、夫の言動に対し、「バカじゃないの？」「おかしな人」という気持ちがあったり、あるいはそれをそのまま伝えたりすれば、二人の関係は、まちがいなく崩壊しはじめるでしょう。

人間は、親しさが増せば増すほど、相手への配慮を忘れてしまう生き物です。夫婦ともなれば、なおさらです。相手を尊重することなど考えません。しかし逆に、あなたがそのような態度を、夫にとられたとしたら、どう思うでしょうか?

たとえもっともだと思えることでも、やはり相手にイヤな感情をもち、とても愛することなどできなくなるはずです。

浮気のことはとりあえず忘れ、まずは夫を尊敬する気持ちを思い出してください。二人がつき合い出した頃の感情を思い起こすのです。

そして、夫に対して愛情を常に与え続けていれば、きっと夫もあなたに愛情を示し、浮気心など消えていくでしょう。

Chapter.3

家の問題でトラブるとき

姑との葛藤に勝てる?

結婚すると、恋愛時代とは異なり、家族同士のつき合いが生じてきます。

つまり、自分の家族と相手の家族とのつき合いは、本人同士のつき合いの何十倍も大変なのです。愛し合っている夫婦であれば、ゆずり合えることも、その二人を通してつながっているだけの家族同士となると、なかなかそう簡単にはいかなくなるでしょう。

とはいえ、せっかく縁があって親戚となった二家族なのです。なんとか仲よくやれるのなら、それに越したことはありません。

しかしあなたの両親が夫を気に入らない、夫の両親があなたを気に入らない……というように、昔から嫁姑をめぐる問題は後をたちません。

姑さんにしてみれば、嫁はかわいい息子を自分から奪った相手であり、同性なので、なおさら嫌悪感がある場合もあるでしょう。ときに、息子をめぐって、ライバル意識を燃や

すこともあるでしょう。とはいえ、

「息子がかわいいからこそ、嫁に口うるさくなる」

というように、姑の心理はさほど複雑ではありません。対処法も立てやすいのです。

マーフィーの言葉に、

「だれかが、愛で結ばれたあなたたちの結婚を妨害しようとしても、その人に祝福を与えて、あとは放っておけばよい。その人に本当に破壊する力はありません。だが、あなたたちがその力を認めた瞬間、あなたたちがみずからその結婚を壊してしまうことはありえます。そうならないためには、放っておくことが最良の方法といえるのです」

この言葉は、二人が結婚したことにより、悲しんだ人が多少なりとも(間接的にでも)存在するのだ、ということを教えています。それは、どちらかの昔の恋人かもしれない。どちらかに片思いをしていた異性かもしれない。そしてもちろん、姑さんかもしれないでしょう。

苦労して、産んで育てた子供を手放すのです。うれしい反面、とても淋しいことです。しかし子供が親元を離れることは、人間に課せられた自然界の摂理でもあります。

姑は教育係

ですから、あなたは、あまりそのことを気にし過ぎて、

「お姑さんに気に入られなければ、この家でうまくやっていけない」

と考えることはないですし、かといって反対に、

「お姑さんの意見なんてカンケイない！」

と、開き直ってしまうのも問題です。でないと、

「夫も、もともとあの姑の息子だから、わたしに不満をもっているかも？」

というようなマイナス思考が頭の中を占拠し、みずから家庭を崩壊させてしまう方向にいきかねません。ですから、そういう場合は、すぐに発想の転換をして、

「お姑さんがヤキモチを焼くほど、わたしは夫に愛されている。そのことを教えてくれたお母さん(お姑さん)に感謝しなくちゃ」

ぐらいに考えておけばいいのです。

「お姑さんがわたしをチェックするのは、きっと関心があるからね。全く無視されるよりマシよ。ありがたいくらい」

と、むしろ姑に感謝するくらいの心の余裕をもちたいですね。

ですから、本当はあなたの結婚生活は、姑さんに祝福されているのです。そのことを、祝福している本人も気づかないだけなのです。なぜ気づかないかというと、姑さんは、表面にでてくる感情にとらわれているからです。

しかし結果として、姑さんはお嫁さんを教育するようになるのです。

まともに受け取らない

マーフィー博士は、

「身内の者のゆがんだ精神状態を、あなたが過度に心配する必要はありません。あなたに責任はありません。愛と善意で放任することです。それが一番正しいやり方です」

と語っています。いくら身内のことといえど、あなたが必要以上に責任を感じたり、犠牲になることもないのです。それらは自滅を招くものです。

たとえば、夫の親戚の人間の中に、あなたのことを悪く言う人物がいたり、あなたに心理的な圧力をかける人物がいたとしても、それをまともに受け取って、相手に抗議したり、気に病んだりしてはいけません。

たとえ親子であっても、それぞれ人格は違うのですから。あなたの考えが、必ずしも身内の人たちに理解されるとは限りません。ですから、どのような態度でこられても、柔軟な対応をできることがベストなのです。

さて、家同士の価値観が合わないときは、できるだけ相手の家に合わせた方がよいでしょう。

夫の家の価値観は、夫が育った環境そのものですから。その価値観・環境なくして、現在のあなたの夫は存在しないのです。その環境で育ったからこそ、あなたは夫と結ばれたのです。

そう思えば、多少の問題は解決できるはず。あくまでも、どちらかが間違っているのではなく、単に育った環境の違いですから、必ず解決できるのだと確信をもちましょう。

夫の家やそれを取り巻く環境を否定することは、ひいては夫を否定することにもなります。その違いを理解する努力が大事なのです。

(1) 姑に「嫁いびり」を受けたとき

新しい家族

結婚すると、必然的に、相手の家族とつき合うことになります。つまり、親・兄弟姉妹がふえることになるのです。この新しい親・兄弟姉妹と、どのようにつき合っていくか……これは、結婚生活の大きなポイントになります。場合によっては、非常に難しい課題だということができます。これは何も、お嫁さんに限ったことではなく、最近では逆に「お婿《むこ》さん」が受難にあうケースが多いようです。

というのは、最近では、結婚すると、婿養子でないにもかかわらず、若夫婦が妻の方の家族とより近くなるケースが多いそうです。妻の母親にすれば、息子が新たに一人ふえたような感じで、意外に喜んでいる方も多いと聞きます。

このような喜んでくれる義母ばかりだといいのですが、中には「婿どの!」とばかりに、いろいろな頼みごとを平気で言ってくる方もいますね。

昔、TV時代劇に『必殺仕事人』という番組がありましたが、この主人公・中村主水も、いつも妻とその母上殿から、「あなた!」「婿どの!」といってイジメられていました。あの番組は、世の婿どのの悲哀をよく描き、サラリーマンたちの熱い共感をえていました。

とはいえ、こういう婿どのは、まだ可愛らしさがあって微笑ましいのですが、現実的に大変なのは、やはり嫁・姑の葛藤でしょう。

おとなしい彼

川島輝美(仮名・二十五歳)さんは、一年前に結婚しました。現在、妊娠五カ月です。大学の家政科を卒業し、食品メーカーにつとめ、結婚後の今も、同じ会社で開発の仕事を続けています。

輝美さんは、もう少ししたら産休をと思っています。小柄で幼い顔立ちですが、なかなかのしっかり者で、

「女は、一度会社を退職してしまうと、社会復帰が難しい」

とつねづね口にし、できれば会社を辞めないで、子育てをできる方法がないかと思案しています。

夫の和之(仮名・二十八歳)さんは、大学の経済学科を卒業後、広告代理店につとめ、経理をしています。性格は生真面目で温和。どちらかというと、輝美さんの尻にしかれている感じです。

そんな二人の出会いは、お互いの会社の同僚を通じた合コンでした。たまたま隣に座った二人は、おとなしい者同士。その日は残念ながら、一言二言、言葉を交わしただけでした。しかしその後、輝美さんは会社の同僚から、

「和之さんが、輝美さんを気に入っていたらしいよ」

という話を聞きました。輝美さんは、さっそく連絡先を教えました。すると、和之さんは、輝美さんのアパートへ電話をかけてきました。それから、二人のつき合いがはじまったのです。

和之さんは、何度デートを重ねても相変わらずおとなしい人で、さすがに輝美さんも、多少物足りなさを感じました。しかしあるとき、輝美さんはインフルエンザにかかり、一週間も高熱で寝込んだのですが、その輝美さんのアパートに泊まり込んで、懸命に看病してくれたのも和之さんでした。

「ああ、彼は本気でわたしのことを思ってくれている」

と実感した輝美さんは、和之さんが誰よりも大切な存在だと確信するようになりました。ですから、彼からのプロポーズも喜んで受け入れたのです。

夫の母親に、気に入られていない

しかしそんな二人の結婚にも、大きな心配ごとがありました。それは、和之さんの母親

が、輝美さんを気に入っていないことです。つき合っている頃からそうでした。外で会うぶんには問題ないのですが、和之さんの部屋に輝美さんが遊びに行くと、その母親は何かと部屋に内線電話をかけてきて、和之さんを自分の元に呼ぶのです。後で彼に、母親の用事は何だったの？　と聞いても、たいがいはお茶を飲んだだけ……といった、大した用件ではなかったのです。しかもそのようなことが、彼女が和之さんの家に遊びに行くと必ずあるのです。

さすがの彼女も、

「彼のお母さんに、どうもわたしは気に入られてないみたい……」

と思うようになりました。そして彼と婚約してからは、

「彼の母親とうまくやっていけるかなぁ？」

と心配しました。輝美さんの不安は的中しました。

結婚した二人の新居は、賃貸マンションです。彼の実家とは、電車で二時間ほどの距離。輝美さんも、これだけ距離があれば、夫の母親も頻繁にはこれないはず……という安心感がありました。

しかしその考えは甘かったようです。姑さんは、毎日二人の新居へ電話をかけてきます。しかも輝美さんが出ると、すぐに夫に代わるように言い、いないと切ってしまいます。

またひどいことに、休みの日には、彼だけを実家に招く有り様です。和之さんに誘われて、輝美さんが一緒に行っても、姑さんは彼にばかり話しかけるほどの徹底ぶりです。

輝美さんが、なんとか姑さんとコミュニケーションをとろうと思って、自分から話しかけても、

「結婚したんだから、専業主婦になった方が、子供のためにはいいのよ！」

「輝美さんは、わたしなんかと話してたって、つまらないでしょう？」

とくるのです。また話をしていても、すぐに途中で話をはぐらかしたり、イヤ味をいう始末。和之さんと父親であるお舅さんが、姑さんと輝美さんの仲をとりもとうとして、いろいろ話題をもちかけるのですが、姑さんの態度は、一向に変わりません。

このように、あからさまに自分を無視する姑さんに、輝美さんはどう対応してよいかわかりません。そんなとき、輝美さんはマーフィーの法則に出会いました。

「なんとか、お姑さんと仲よくなれないものか……」

と、毎日悩んでいた輝美さんは、あるとき、会社の帰りにフラッと立ち寄った本屋さんで、マーフィー関連の本に出会ったのです。そこには、恋愛や仕事、家庭や人生に悩む人への、マーフィー流のアドバイスが紹介されていました。

輝美さんは、その中から一冊を買って帰りました。その本を読むうち、彼女はどうしたら姑さんと仲よくなれるかという秘訣を発見しました。

心を変える

それは、マーフィー博士の、

「あなたに敵意をもつ人など、この世にいません。『あの人は、わたしに敵意をもっている』と感じているところの〝あなたの心〟があるだけです」

という言葉でした。つまり、姑さんは輝美さんを気に入らないのではなく、姑さんに気に入られていないと感じている輝美さんの心が問題だということです。

そこで輝美さんは、心を変えました。なるべく姑さんに対して好意をもつことにしたのです。

「考えてみれば、お義母(姑)さんは、わたしと話すのが苦手なだけなのだ。でも嫌われているわけじゃない。時間をかけて、お義母(姑)さんと親しくなれるように努力すれば、きっと仲よくなれるときがくる」

と考えるようになりました。

それ以後の輝美さんは、たとえ姑さんに冷たくあしらわれても、気にせず明るく話しかけ続ける努力をしました。すると、姑さんの態度にも変化が見えてきました。

輝美さんが電話にでても話をしてくれるようになり、夫の実家に一緒に行っても、快く迎えてくれるようになりました。

ある日、姑さんは輝美さんに、

「輝美さんて、案外きさくなのね」

と言ったのです。輝美さんは、最初この言葉の意味がよく理解できませんでした。実は姑さんは、輝美さんが〝大学出〟であり、専門的な仕事をしているキャリアウーマンであることに、ある種の偏見というか、コンプレックスをもっていたのです。

そして、専業主婦という〝昔の主婦〟をしている自分のことを、きっとバカにしている……と思い込んでいたのです。ですから姑さんは、自分から輝美さんになかなか歩み寄る気になれなかったのです。

もう、お互いの誤解が解けました。今では二人は、まるで本当の母娘のように、仲よくやっています。

(2) 夫の両親と同居しなきゃならないとき

同居してくれ！

結婚して、相手の両親と仲よくできるかどうかは、お互いの住む距離と関係するかもしれません。たまに会えば仲よくできる間柄でも、同居するとなると話は別です。

新婚生活のリズムが乱されたり、プライバシーが守られなかったりという苦情も多いようです。

吉田昌美(仮名・二十七歳)さんは、結婚して一年半。調理の専門学校を卒業後、小学校の給食室で栄養士をしています。

子供はまだいません。家事は、ほとんどを昌美さんがこなします。夫はたまに料理を作る程度ですが、べつに完璧な主婦像を昌美さんに求めてはいないので、気分的には楽です。

昌美さんは、性格的にはクールで大ざっぱ。小さなことにクヨクヨしません。仕事を生きがいにする、どちらかというと男性的な性格です。

夫の達彦(仮名・二十七歳)さんは、ケーキ職人をしています。性格は、どちらかといえば昌美さんとは逆で、繊細で周囲に気を使うタイプです。

二人の出会いは、調理の専門学校でした。専攻は違いましたが同級生です。きっかけは、学園祭のときに、達彦さんが昌美さんに声をかけたのです。

初めのうちは、達彦さんを友だちとしてしか見なかった昌美さんですが、もともと同じ世界での仕事を目指していた二人です。自然と会話も弾み、気がついたらお互いに適齢期だったので結婚を……という感じです。

二人には、将来、喫茶店を経営したいという夢があります。しかしそんな二人だけの夢見る新婚生活も、ある突然の出来事で、もろくも崩れ去りました。

ある嵐の日のこと。同じ県内に住む達彦さんの実家から電話がきました。家の雨漏りがひどいから、手を貸して欲しいというのです。彼は、仕方なく、雨の中を車で一時間ほどの実家へ出向き、父親と一緒に屋根の修理をしました。そのとき、達彦さんの父親は、

「この家も、もう古くなったから、建て直そうと思うんだ」

と語りました。そこまではよかったのですが、そのあとお父さんは、達彦さんにある重大な相談をしたのです。

それは、達彦さんと昌美さんに、実家にきてもらい、同居できないか……という相談でした。あとでそれを聞いた昌美さんは、さすがに驚きました。

「絶対にイヤよ！　あなた、次男だから同居はしなくていいって、結婚するとき言ってた

じゃない！」

達彦さんは、二人兄弟の次男でした。彼は、

「兄貴は、東京で結婚したから無理だよ。親父たちも年取ったし、弱気になってきたんだと思う」

と、事情を説明したのです。かといって、昌美さんだって「ハイそうですか」と納得するわけにはいきません。もし達彦さんの両親と同居にでもなれば、今のような自由な生活を続けるのは不可能です。家事も手を抜けないし、妻らしい対応も心がけなければなりません。昌美さんは、とても憂うつになりました。

実の親も義理の親も同じ

その頃、昌美さんも自分の実家に一泊の里帰りをしました。やはり昌美さんの実家も、車で一時間ほどの距離で、三カ月に一度くらいは日帰りでよく帰っていました。

今回は、達彦さんがちょうど社員旅行に行っていたので、彼女もこれを機会に、実家へ泊まることにしました。昌美さんは二人姉妹の長女で、下に短大に通う妹がいましたが、両親は快く彼女をお嫁に出してくれました。そんな両親に、昌美さんは心から感謝していました。たわいもない話をしたのち、ふと昌美さんは母親に聞いてみました。

「もし、達彦さんのご両親と同居することになったら、どうなるかしら？」

すると昌美さんの母親は、

「とんでもない！　苦労するわよ。それならわたしたちと住んだ方が、よっぽどいいわよ」

といって猛反対しました。昌美さんも同感でした。

そんな矢先、またもとんでもない事件が起こりました。達彦さんの父親が病気で入院したのです。幸い命に別状はなかったのですが、この一件で、達彦さんは、両親との同居を真剣に考え出しました。

こうして彼は、自分の両親と一緒に暮らす決心をしました。しかし昌美さんにも、両親がいますし、妹が婿養子をとらない限りは、両親の面倒は自分が見なくてはならない……と思っています。

昌美さんは、もう一度、自分の両親に相談しました。ところが、昌美さんの両親の反応は、

「この間は、わたしたちと一緒に住んだ方がいいと言ったけれども、嫁に行ったのだから、向こうの両親と住む方が、お前の幸せだろうね」

という意外なものでした。そのとき、昌美さんは気がつきました。

「ああ、父と母は、わたしの幸せを思って、そう言ってくれているのだ。わたしが父と母のことを心配しているのと同じように、父と母も、わたしのことを思ってくれていたの

ね」

そして、

「わたしが父と母のことを思うように、達彦さんも、両親のことを大切に思っているのね。きっと達彦さんのご両親も、わたしたち二人のことを思ってくれて、ああいう申し出をなさったのかもしれない……」

そうして、

「わたしは嫁に来たのだから、達彦さんのご両親に対しても、自分の両親と同じように愛情を注がなくちゃ……」

と考えるようになったのです。

同じように愛する

これまで、昌美さんは、

「夫の両親は、しょせんは他人なのだから、自分を理解してくれるはずがない。お互いに好きになることもできない」

と考えていました。しかしよく考えてみれば、夫さえも、もともとは赤の他人なのです。けれども、親しくなり、好きになり、理解したいと思う心が、二人を夫婦にしたのです。

昌美さんは、その気持ちを思い出しました。達彦さんの両親のことも、同じように考えてみようと思いました。そして達彦さんに、

「あなたのご両親も、自分の両親も同じよ。同じように好きになる。一緒に住みましょう」

と言ったのです。彼は、驚きながらも喜びました。そして昌美さんを、いつまでも強く抱きしめました。

達彦さんの両親は、さっそく実家の改築工事をはじめました。そして、昌美さんのことを配慮して、二世帯住宅にしてくれました。

昌美さんは、あれから少しずつ、夫の両親のことを身近に感じはじめています。

マーフィー博士は、

「新しい自己イメージを描き、それを愛することです。あなたの感情とイメージが同一化したとき、それは実現するのです」

と言っています。昌美さんが、夫の両親との新しい関係や生活を、愛をもって愉《たの》しく思い描けたことで、幸福な未来を実現しはじめることができたのです。

(3) 「バツイチの妻」として周囲のイジメにあるとき

離婚歴がある

今では、離婚歴のある人は珍しくない。「バツイチ」だとか「バツニ」だとかいって、もてはやされたりします。つまり、以前ほど肩身の狭い思いをしなくなったのです。

しかし、これが再婚をするとなると、相手は元より、その家族にとっても、その過去は、どうしても不利にはたらきかねないでしょう。

瀬川瑞穂(仮名・三十三歳)さんは離婚歴があります。前の夫は、大学の同級生で、在学中から同棲し、卒業後に籍を入れました。はじめは嬉しかった瑞穂さんですが、転職癖がひどい夫は、なかなか腰を落ちつけて働こうとしません。そこへきて浮気癖です。

幸い子供がいなかったため、ついに二人は五年で破綻しました。その離婚から三年が経って、瑞穂さんは現在の夫と出会いました。夫の両親からはだいぶ反対を受けましたが、ようやく交際二年後に二人は結婚しました。

夫の明彦(仮名・三十一歳)さんは、瑞穂さんより年下で初婚です。大学を卒業後、コンピュータ関連の会社に入り、営業をしています。

明彦さんの会社に事務のアルバイトで来た瑞穂さん。二人は、仕事を通じて親しくなりました。はじめこそ同じ部署内の仲間で飲みに行くという感じでしたが、ある日、瑞穂さんは、明彦さんから二人で食事をしようと誘われました。

そしてその時、彼から、

「これからも、こういう風に二人だけで会いたい」

と、おつき合いを申し込まれたのです。同じように、彼に好意をもっていた瑞穂さんでしたが、バツイチであることを気にして、ややためらいました。ですが、ある日、自分の離婚歴のことを、正直に打ち明けました。

しかし彼は「べつに問題ない」と本心を伝えました。

二人は真剣に、相手のことが好きだったのです。こうして二人は、交際をはじめました。そして結婚してからも、お互いがお互いを思う気持ちは変わらず、瑞穂さんは、専業主婦として幸福な日々を送っています。

バツイチといじめられる

ところが、そんな瑞穂さんにも、悩みがありました。夫の家族のことでした。

瑞穂さんのご両親は、地方で小さな商店を経営しています。他にも、東京のテレビ局に勤務する弟夫婦がいます。

　対する明彦さんの家族は、農家の両親と地方公務員をしている兄夫婦、そして両親と同居している妹です。

　瑞穂さんは、明彦さんのことは大好きですが、なかなか彼の家族を好きになれません。それは、何かというと瑞穂さんの離婚歴のことを、話のタネにするからです。親戚が集まった席で、タレントの離婚話になると、

「結婚や離婚を、何度も繰り返す人って、人生観がないのよね」

「人生観じゃなくて、節操がないのよ」

「そういえば俊雄さん、ホストでしょ。あの若さで、今三人目の奥さんよ」

「バツイチとかバツニとかいわれて、かっこいいと思っているのよ」

「あらごめんなさい。瑞穂さんのことじゃないのよ」

というふうに、わざと瑞穂さんにイジワルな会話をするのです。彼女は、

「本当のことだから仕方ないわね」

といって耐えるしかありません。

　悪いことに、夫の明彦さんの前ではいわないで、必ず彼が席を外していて、彼女が一人のときにだけ、こうしたイジメが起こるのです。

　しかしいくら気丈にがんばっていても、瑞穂さんもしだいに参ってきます。そして明彦

さんの家族と会うのが苦痛になります。明彦さんも、できるだけそういう機会をつくらないようにしました。

保守的な慣習の中で

ところがある時、どうしても避けられない親戚との会合がありました。それは、明彦さんの妹の結婚式です。地元で農家の跡取り息子との縁談がまとまったのです。彼の田舎は、昔から派手な結婚式が有名で、その夜は村中の人間が集まって、大宴会を催すのが習わしです。

もちろん、瑞穂さんと明彦さんの結婚式のときもそうでした。そのときはやくも、明彦さんの家族から、瑞穂さんへの意地悪がありました。田舎の人たちは、考え方がとても保守的です。

「離婚なんて、とんでもない」

という認識があります。ですから、明彦さんに対し、

「離婚歴のある女にだまされている」

「わざわざ戸籍の汚れた女を選ぶなんて」

と同情しました。それを聞いた彼は、

「だれがなんと言おうと、俺は瑞穂が好きなんだ」

といって、彼女を安心させたのです。ですから、夫の妹さんの結婚式のときも、瑞穂さんの心に、明彦さんのその言葉がよみがえり、

「だいじょうぶ、だれがなんと言おうと、明彦さんはわたしを守ってくれる」

と思い込みました。

勝手にしろ！

明彦さんの妹の結婚式当日、瑞穂さんは裏方に徹して、一所懸命に働きました。すると酔っ払った若い男性が、彼女に、

「見ない顔だけど、明彦さんの親戚？　よかったら俺とつき合わない？」

と、しつこくカランできました。なんとかふり払って逃げたのですが、それを見ていた明彦さんの親戚が、

「何度も男をダマして結婚するような女は、男の気を引くのがうまいね」

「ここでも男に色目を使っているのよ」

と言いたい放題です。瑞穂さんは、ついにその場にいたたまれなくなりました。明彦さんも必死になぐさめましたが、彼女は自暴自棄になり、

「離婚したような女となんて、結婚しなければよかったって思ってるんでしょ？　もうわたしのことなんか、放っておいたらいいじゃない！」

と彼に当たったのです。さすがの明彦さんも、

「何ひねくれてるんだよ。勝手にしろ！」

といって、彼女を置いて宴会の輪の中に戻って行きました。こういう場合、明彦さんまでキレてはいけませんね。なにがあっても妻を守るべきです。

さて瑞穂さんですが、明彦さんに悪いことをしたと思いましたが、もう自分の感情を、どうすることもできない状態だったのです。

心が通じた

東京の自宅に戻ってから一週間が経ちました。瑞穂さんはなお、明彦さんに元通りに接することができず、ギスギスした態度をとっていました。彼女は、どうしたら、また二人で仲よくすることができるかを考えました。

もとはといえば、親戚の人たちのイジメに負けて、

「なにがあっても守る」

という明彦さんの心を、否定した瑞穂さんにも非があったのですから。

「親戚の人を気にしすぎて、明彦さんを信じなかったわたしが悪かった」

そう思いました。そして、彼が帰ってきたら、きちんと謝って、今の気持ちを伝えよう
……と思いました。

ところが、ちょうどそのとき、明彦さんの実家の姑さんから、宅配便の荷物が届きました。それは瑞穂さん宛でした。「?・」と思って包みを開けてみると、中から野菜やら果物やらがたくさん出てきました。そして中から、

「これで何か、おいしいものを作って、二人で食べてくださいな。早く二人の子供が見たいです」

という手紙が入っていたのです。

どうやら、瑞穂さんと明彦さんのこの間のケンカの原因をつくったことを反省した姑さんが、気づかって送ってくれたらしいのでした。瑞穂さんは、驚いたのと同時に、感激しました。その純粋な願いは届いたようです。

マーフィー博士は、いつもこう語りました。

「あなたたちの愛を壊そうとする者がいるなら、その人に祝福を与えて、後はほうっておくことです。神の愛で結ばれていれば、何者にも破壊する力はないのです」

あなたと夫の愛が本物であるなら、だれにも邪魔されることはないのです。

瑞穂さんは、帰宅した夫に、このことを話しました。そして自分が感激したことを正直に話しました。夫の明彦さんも、全く同じ気持ちでした。

マーフィーの言葉は、ここでも生きていたのです。

(4) 封建的な家柄で苦しむとき

旅先での出逢い

二十一世紀を目前にひかえた現代日本でも、嫁ぎ先の、昔ながらの家風でがんじがらめになって苦しむお嫁さんのケースがあります。

深沢まゆ(仮名・三十四歳)さんは、二十四歳で結婚して、現在は小学生の子供が二人います。

彼女は、子供のように好奇心が旺盛な、明るい女性です。短大を卒業して家事手伝いをしていましたが、旅行先で知り合った男性と結婚しました。それが今の夫である雄一(仮名・三十六歳)さんです。あのとき彼は、まゆさんが親友と泊まったホテルに、友人と遊びにきていたのです。

当時の彼は、偶然にもまゆさんの自宅近くのアパートで、一人暮らしをしている東大生でした。旅先で知り合い、気が合った二人は、東京に帰ってからつき合いをはじめました。

そして彼が、大学を卒業して官庁に就職したのち、二人は結婚しました。二人は、交際から結婚までトントン拍子で進み、一見、何の問題もないカップルのように思われましたが、実は大きな問題があったのです。

女は外に出るな

雄一さんは、北陸地方では古くから有名な家柄の出身です。きわめて封建的な家風の中で育ちました。男尊女卑の慣習もありました。

たとえば、祖父をはじめ、父親、長男……というように、なにごとも、まず年長の男性から優先される社会なのです。お風呂へ入るのも同じで、男性がすべて入った後で、女性が入ります。そして最後の人は、風呂の掃除をして上がるのです。

男性は台所に立ち入らず、食事も、男性が食べ終わった後で、やっと女性が食べる……というような、たいへんな習慣がありました。雄一さんは、そんな環境の中で育ったので、当然のごとく、

「女は引っ込んでろ！」

という意識を、悪気はなくても、もっていました。

しかし交際中の雄一さんは、まゆさんにそのような発言をすることは全くありませんでした。というより、彼女に対しては、とてもやさしい男性だったのです。

ですから、二人の間に結婚の話が出るまでは、まゆさんは、彼がそのような封建的な家

柄で育ったことなど夢にも思いませんでした。

まゆさんは、大切に育てられたお嬢さんタイプで、アルバイトさえ、ほとんどしたことがないほどです。つまり恵まれた環境だったのです。短大を出ても、正式に就職はせずに、家事手伝いをしていたのです。雄一さんの家族側も、

「女は外に出るな」

という考えをもっていましたから、まゆさんが〝家事手伝い〟をしている女性だと聞いて、いたく気に入っていました。

しかしそれは、まゆさんが結婚してからも、

「外へ出てくれるな」

という意味でもあったのです。

週末は、自由にやるわ

まゆさんは、結婚後、すぐに年子の二人の子供に恵まれたので、数年は育児に追われる毎日を送っていました。

一方、夫の雄一さんは、官庁職員の有名な午前様残業で毎日帰宅が深夜過ぎです。やっと訪れた休日には、ぐったりとして眠っていることもしばしばです。想像される通り、家事を手伝うなんてことはありません。

それで、まゆさんに対しては、

「主婦なんだから、家事と育児をするのは当たり前だろう」

「毎日外で働いているんだ。家の中のことまでできないよ」

と言うのです。でも雄一さんは、結婚前には、

「結婚したら、一生君を大切にするよ」

「結婚しても、お互いに恋人同士のような関係でいようね」

とまゆさんに言っていたので、この夫の豹変ぶりに、彼女は、

「あれは、嘘だったのね」

「なんだか、だまされたみたい」

という悔しい気持ちが起こりました。それから数年が経ち、子供の手がかからなくなったのを機に、まゆさんは念願だったカルチャースクールに通いはじめました。さらに近所のテニスサークルにも入りました。


やっと彼女の活動範囲が広がって行きました。もともと活動的なまゆさんでした。育児期間にたまった〝うっぷん〟を晴らすかのように、毎週末、雄一さんが家にいるのを見計らって、家を空けるようになりました。


ところが雄一さんは、彼女のこういう行動をみて、

「主婦が週末ごとに家を空けるなんて、いい加減にしろよ！」

と怒りました。しかしまゆさんにとって、久々に味わう外の空気は、なにものにも代え難いのです。もう、家に閉じこもる生活に逆戻りするなんてできません。

「平日は、きちんと子供の面倒を見ているわよ。家事もちゃんとやっているし。むしろ週末くらいは、あなたが子供の面倒を見てよ」

と、夫に反論するようになりました。

このまゆさんの態度に、雄一さんの家族や親戚も、たいへんな不満をもつようになりました。週末には、家に夫しかいない……という状況に、

「嫁が、週末にずっと家を空けるなんて！」

「彼女は主婦失格だ！」

と、親戚中からまゆさんバッシングの大合唱が起こりました。

さすがのまゆさんも、これには悩みました。しかし知人がくれた一冊の本に、こういう言葉が書いてありました。

「あなたは自分の夫や子供、両親たちを愛するように〝強いられてはいない〟のです」

もちろんこれはマーフィー博士の言葉です。つまり人間は、神から何かをするように強いられている存在ではなく、みずからの意思と選択の自由を与えられている存在なのです。

憎しみ合う人たちがいるから戦争が起こるように、憎しみ合う家族がいるから、家族の

崩壊が起こるのです。もしもあなたが、家族と仲よくしたいのなら、家族の出方を待つのではなく、あなたがまず家族を愛すればよいのだ……ということを、マーフィー博士は教えているのです。

心が変われば相手も変わる

まゆさんは、自分に対する夫の態度ではなく、夫に対する自分の態度について考えました。いつしか彼女の意識の中に、

「夫は、結婚前と同じように、自分にやさしくするべきだ」

「主婦だけが、家事と育児に追われるのは不公平」

という、夫に対する権利の主張だけが突出してきていたのです。

それで家事と育児の方は、いつしか「しようがないからやる」という最低限の義務感でしかなくなっていたのです。彼女の中で〝夫や子供への愛情〟が動機となっていなかったようです。

妻のまゆさんもこういう心ですから、夫の雄一さんの心も、

「オレが養ってるんだぞ」

という気持ちになっていたのです。

まゆさんと雄一さんの心に、いちばん欠けていたのは〝感謝〟でした。このことに気づ

いたまゆさんは、恋人時代を思い出して、できるだけ愛情の表現を心がけるようにしました。

週末の遊びはひかえ、できるだけ明るく暮らせるように、生活の工夫をしました。外へ遊びに行くのではなく、家へ友だちを呼んでお茶の会を開いたのもその一つです。カーテンなどのリビングも、明るい色調へと変えました。そしてなにより、深夜でも夫の帰宅時には、起きて出迎えるようにしました。

こうなると、だんだん夫の態度も変化してきました。休みの日は、いつも疲れてぐったりと寝ていた雄一さんでしたが、

「気分転換に、どこか行こうか？」

「そろそろ家族で一緒に楽しめる趣味でももとうか？　キャンプとかどう？」

と言い出しました。そして、

「たまには、君も外で遊んでおいでよ。最近、テニスやカルチャーも行ってないみたいだけど、遠慮しなくていいよ」

と週末の外出を認めてくれました。

夫の実家に対しては、

「妻はいろいろやりたい活動派。それでいいんじゃないかと思う」

と釈明してくれるのです。

すると妻のまゆさんも、ますます家庭を大事にするようになり、よほどヒマなときでないと、テニスやカルチャーにも行かなくなりました。

「どうしたんだい？　遠慮せずに、行っておいでよ」

といぶかる雄一さんに、まゆさんは、

「わたしは、封建的な女ですから、あんまり外に行きたくないんです！」

と笑いながら答えると、雄一さんも笑いながら言いました。

「どっちでもいいけど。君の好きにすれば？」

(5) ケチケチ主義の夫に嫌気がさしたとき

マイホームの夢

結婚した夫婦の共通の夢の一つに、「マイホームを手に入れる」というのがあります。これは、もっとも一般的で、かつ努力しだいで実現が可能になる夢ですね。

小川孝子(仮名・二十八歳)さんは、三年前に結婚して、現在一歳の子供がいます。当然子育てに忙しい毎日を送ってはいます。

しかし孝子さんには、気がかりなことがあるのです。それは夫の倹約癖のことです。結婚の当初から、二人には共通の夢がありました。郊外に小さくてもいいから、一戸建ての家をもとう、という夢でした。

夫の秀之(仮名・三十二歳)さんは、孝子さんより四歳年上で、大手スーパーマーケットの売り場主任をしています。最近の流通業界の不況で、売り上げが伸びず、また近くにディスカウントストアができ、経営的にも今が正念場を迎えているといってよいでしょう。秀之さんは、売場主任として、取り扱い商品や売り場の見直しなど、多忙に仕事に取り組む日々を過ごしています。

孝子さんと秀之さんの出会いは、地元の社会人サークル。二十代～三十代の男女が集まり、夏はテニス、冬はスキーの活動をしていたのですが、家が近かった秀之さんは、ちょくちょく孝子さんを車で送り迎えするようになり、自然と交際がスタートしたのです。そして一年間の交際を経て、二人は結婚したのです。

さて結婚当初立てた計画では、孝子さんもしばらく仕事を続け、共稼ぎでがんばれば、どうにか夢を達成できそうな感じでした。

家を買うまでは……

しかし二年前に、孝子さんの予定外の妊娠をし、仕事を続けるのは不可能になりました。そして子供が生まれて一年。まだまだ手のかかる頃です。

ですから孝子さんは、せめて子供が保育園に上がるまでは、仕事はできないと考えています。ところが、夫の秀之さんは、このころから、収入が減り、支出がふえることを気にしはじめ、過度の節約をはじめました。

秀之さんは、電気はこまめに消す、水やガスも節約する、食事の材料もむだなく使う……ということを、孝子さんに指導しました。まぁここまでは、彼女にも納得できました。

しかし秀之さんの節約ぶりは、このあとさらにエスカレートしてきたのです。子供が一

歳になったので、おもちゃや本を買い与えようとする孝子さんに、

「知り合いからお古をもらったらいいじゃないか」

と反対する秀之さん。孝子さんが美容院に行こうとすると、

「前髪くらい自分で切れよ。もったいないだろ」

と怒りだします。ちなみに、秀之さんの髪は孝子さんに切らせます。しかし、散髪というのはなかなかむずかしいもので、うまく仕上がるわけがありません。できれば安めの床屋でも行ってくれたら……と思っています。

また秀之さんに、そろそろ新しい服を買ってあげたいと思うのですが、

「まだ着れるよ」

といって、すり切れかけた十年前の服を着ているのです。はては孝子さんの服や化粧品も、

「どこにも行かないんだから、必要ないだろ」

とまったく買わせてくれない。社会人サークルのメンバーから、遊びの誘いがきても、お金がかかるから、

「ちょっと都合が悪いんだ」

と一切断り続けました。今ではメンバーから声もかかりません。

さて孝子さんには、見栄をはりたいとか、もっと遊びたいとかいう気持ちがあるわけで

はありません。ただ、極端にお金に困っているわけではないのだから、せめてふつうにこぎれいな格好をしたり、ふつうに生活を楽しみたい……と思っているだけです。

しかし秀之さんには、家を買うという目標しか見えません。孝子さんも、何度か自分の気持ちを夫に伝えましたが、

「家を買うまでの辛抱だ。がまんしろ」

の一点張り。彼の気持ちを動かすことはできません。

孝子さんは考えました。そして一つの作戦を考えつきました。

願いが一つになれば思いは伝わる

それは、秀之さん以上に自分が倹約をし、その姿を見せることで、彼の考えを改めさせようというものでした。

孝子さんは、子供を保育園に預けて働くことにしました。そのぶん、家事はおろそかになりますが、掃除・洗濯は週末にまとめてやりました。食事もまとめてつくり、彼女がいないときは、秀之さんはレンジで温めて食べます。夫は平日に休みがあるので、一般の企業に勤める彼女とは、休みも合わないし、帰宅時間も違いました。

当然、別々に食事をとるようになり、二人の会話も減りました。

さすがの秀之さんも、とうとう孝子さんに、

「そこまで仕事しなくてもいいんじゃないか？」

ともらしてしまう。しかし彼女はキッパリと、

「家を買うまでの辛抱よ。あなたもがまんして」

と、彼とまったく同じセリフを吐きました。そして四カ月がたったころ、ついに秀之さんは降参しました。

「オレはわかったよ。一戸建ての家より、二人が楽しく一緒に、会話をしながら暮らして行くことの方が大切なんだって」

と秀之さんは、孝子さんに言いました。

マーフィーの法則に「努力逆転の法則」というのがあります。努力をすればするほど、結果が悪くなっていく……という法則です。孝子さんは、この法則を使ったのです。つまり自分が倹約をすることによって、逆の反応を相手から引き出したのです。

孝子さんの場合は、「いつか家を買いたい」と「生活を楽しみたい」という二つの願望をもっていたので、夫の考えを改めさせることができませんでした。でも彼女の中で、

「生活を楽しみたい」

という願望の方が、より明確に強くなったため、その思いが彼に伝わったのです。ちなみに孝子さんは、現在やっと、生活を楽しみながら、無理をしないながらも、秀之さんとうまくお金をためています。

(6) 家同士の価値観が合わない

気の合う二人

結婚して結ばれた両家の価値観が、まるで異なることがあります。

たとえば、伝統的な慣習を大切にする家と欧米風の開放的な家。教育熱心な家と放任主義の家。仏教の檀家とクリスチャンの家。家屋やインテリアが洋風の家と和風の家。

これらは、どちらかが間違っているという問題ではありません。価値観が異なるのです。折り合いをつけるのはむずかしいものです。

倉本可奈子(仮名・二十六歳)さんは、専門学校を出てから、結婚後の現在に到るまで、ずっと病院で医療事務をしていました。ところが子供が生まれたので、今は休職中です。子供は二歳の女の子です。

夫の雅弘(仮名・二十九歳)さんは、大学を卒業後、病院で薬剤師をしています。

二人は、同じ大学病院の職場で出会いました。年齢もわりと近かったことから、職場の仲間数人で遊びに行くうちに、二人の気が合い、仲間うちでも特別に親しくなりました。

また同じ職場の同志として、二人は大親友でもありました。また二人とも、アウトドアが大好きで、休みの日には、よくお互いどちらかの車でドライブに出かけていました。結婚後はワゴンを購入し、職場の仲間と一緒に、キャンプに行ったりしています。

可奈子さんは、兄をもつ四人家族。実家は、東京で輸入インテリアや雑貨を扱う会社を経営します。幼少の頃は、一家でフランスにいたこともあります。

もちろん可奈子さんは、大切に育てられました。多少わがままなところもありますが、明るくて素直な、典型的なお嬢さまタイプです。

雅弘さんは、妹と祖父母を含めた六人家族。実家は、大阪の真ん中でお好み焼き屋を営んでいます。大阪人らしい、まったく気取ったところのない、オープンな家庭です。

気の合わない家

ところがこの両家が集まる時には、必ずもめごとが起こるのです。

先日、子供の三歳の七五三のお祝いに、大阪から雅弘さんの両親が上京しました。このとき、それぞれの親の意見がことごとくぶつかります。たとえば、可奈子さんの両親が、雅弘さんの両親に、

「都内をご案内しましょう」

といって六本木や広尾、麻布あたりに連れ出すと、雅弘さんの両親は、

「こんな気取った場所より、浅草や巣鴨に行きたい」

と言いだします。雅弘さんの両親が、夕食のリクエストを聞かれて、

「焼き鳥とか、月島のもんじゃ焼きとかがええですね」

と答えると、可奈子さんの両親は、

「そんな場所にお連れするわけにはいかない」

といって、銀座でフランス料理を勧める始末。万事がこんな調子で、可奈子さんの両親は、雅弘さんの両親を「品がない」と判断し、雅弘さんの両親は、可奈子さんの両親を「気取り屋」と思い込み、お互いに気に入らない様子です。


もちろん、どちらが悪いというわけではありません。二人とも、家の価値観というのは、いろいろあっていいと思っていますし、両親のことが好きなので、なんとか仲よくして欲しいと考えています。

まぁフランス料理かもんじゃ焼きかなど、大した問題でないといえば、大した問題ではないのですが、かといって人には好き嫌いがありますから、好みを尊重することもまた大事なことです。

どちらもいい

そこで二人は、それぞれの価値観を、お互いに認めてもらう作戦を考えました。その作戦は、まず雅弘さんの両親を、つぎの連休に東京に招待することから始まりました。そし

て両家の両親をつれて、東京見物をさせたのです。

一日目は、可奈子さんの希望で、ディズニーランドへ行きました。アメリカ的な世界とは縁遠い雅弘さんの両親も、可愛らしいキャラクターたちのパレードに、

「ああ、きれいやなあ。夢の国みたいや」

と大喜びです。

二日目は、朝から江戸東京博物館に連れていき、昼食は、浅草の「駒形どじょう鍋」にしました。そして仲見世を歩いて浅草寺を参拝し、浅草観音温泉に入って、夕方からは江戸の代表的な風物である「寄席」に連れていきました。

今度は、可奈子さんの両親が、

「あら、東京にも昔ながらの古きよき文化が残っていたのね？　浅草に温泉があるなんて知らなかったわね、あなた」

と感心すれば、雅弘さんの両親も、

「昨日とは打って変わって、今日は本物の『江戸』を見せてもろうた。大阪も好きやけど、東京もええところや」

といって感謝してくれました。お互いの両親は大満足です。

雅弘さんと可奈子さんは、ニコッと笑って、

「たまにはこういう遊びもいいでしょう?」

と言いました。思わずうなずいた両親たちでした。

マーフィー博士は、

「愛する者の『こうあってほしい姿』を、つねに思い浮かべることです。それが習慣になってきたとき、それが実現するのです」

と語っています。つまり可奈子さんと雅弘さんは、つねづね両家の両親に仲よくあってほしいと願っていました。つまり、両親が喜ぶ姿を想像して立てた二人の計画。これが成功したのです。

マーフィー博士のQ＆A

①親戚づき合いを夫から強要される

Q 夫の実家に住んでいます。田舎の旧家のため、親戚づき合いが濃厚です。つまり、週末によく親戚が家へ訪ねてくるのです。そのたびに料理をつくって、もてなさなければならないのですが、毎週でうんざりです。ですから、逆に親戚の家に誘われた時は、都合がつかないと断っています。

わたしはもともと核家族の中で育ち、祖父母とのつき合いもあまりなかったので、親戚とどうつき合うのかわかりません。ハッキリいって苦痛です。でも夫はわたしに「親戚づき合いは大事にしろよ」と怒ります。

A 結婚したからには、夫の親戚とのつき合いは避けて通れないものです。

というか、夫も同じで、妻の親戚とつき合わねばなりません。仕事で相当疲れていても、妻の親戚がくるとなると、休日返上で相手をするでしょう？

もしあなたが、今まで親戚づき合いを、あまり経験してこなかったのなら、これが親戚づき合いをする、絶好のチャンスだと考えましょう。

どうしても核家族の中で育つと、協調性に乏しかったり、競争心が足らなかったりといった性質が身につきます。しかし大勢の家族や親戚とつき合う習慣がつけば、自然と人づき合いが上手になります。思いやりを学ぶ機会も多いでしょう。あなたが育った環境では、知り得なかった価値観にめぐり会えるかも知れません。そこであなたは、ますます磨かれ、すばらしい女性になるのです。

マーフィー博士の言葉に、

「イヤでたまらないと思っていた相手に、親しく打ち解けて話す機会を与えるという奇跡のような『愛の指導』を、神が行うことがあります」

というのがあります。これは、あなたが避けている〝つき合い〟を、どうしてもさせることで、あなたの魂を神が育てているのです。

人はきらいなことを敢えてすることで、魂が成長するのです。

②夫の両親の面倒をみるのは大変だ

Q わたしの夫は長男です。現在は二人暮らしですが、近くには夫の両親が住んでいて、「近い将来は、わたしたちと一緒に住んで、面倒をみてくれ」と言われています。夫としても長男だから、仕方ないと思っているようです。

でもわたしは、夫の両親とうまくやっていけるか心配ですし、面倒をみてくれとまでいわれると、大変な重荷に感じています。

A 長男と結婚すれば、夫の両親の面倒をみるのは当然、という風潮がまだ日本にも残っています。「面倒をみてくれ」と言われたら、たしかに重荷でしょうね。なぜなら、「一緒に住みましょう」とか「仲よく暮らしましょう」とかいう言葉なら、共に協力して楽しく暮そう、という同じ立場に立つ響きがあります。しかし「面倒をみてくれ」という言葉には、一方的に苦労を負担させられ、楽しくなさそうな響きがあるからです。

夫の両親が、介護を必要とするほど弱っているのなら、そういう準備も必要でしょうが、まだまだ健在なら、逆に元気づける方向にもっていく方が、かえって親孝行になると思います。

つまり、夫の両親を、早く隠居させようという考えは、ますます老化を加速してしまうのです。それよりも、たとえば、あなたが姑に得意な料理を教わるとか、一緒に買い物をしてアドバイスを受けるとか、着物の着つけを習うとか、夫の父親に日曜大工を頼むとか、車の運転を頼む……などして、両親たちに「まだ隠居されては困る。もっと活躍して、わたしたちを助けてほしい」というニュアンスを伝えるのです。

人間だれしも、頼りにされているうちは、「しっかりしなければ」という意識が働きます。ボケるわけにはいきません。生きがいさえ生まれるでしょう。

そうすれば、「面倒をみてくれ」などという気弱なことは、言わなくなるはずです。ただし、年をとれば足腰が弱り、病気に対する抵抗力も弱まるでしょう。そういう時には、進んで手助けをしてあげましょう。そして「いつでも頼ってくださいね」という心の支えになってあげましょう。マーフィー博士は、

「愛とは、相手の神性に対する尊敬なのです。尊敬する材料がないとき、人は決して愛し続けることができないのです」

と言っています。逆にいえば、どんな人にも、尊敬すべき点があれば、愛情をもつことができるのです。「面倒をみて」と頼まれたら、その人が情けない人間に見えて、尊敬などできません。そこで、あなたがみずから両親を尊敬するために、その長所を見つけてあげればよいのです。

そうすれば、あなたは両親に愛を感じることができ、一緒に住むことも苦痛ではなくなるはずです。

Chapter.4

子供でトラブるとき

子供は家庭を映し出す鏡

最近は、「できちゃった婚」という言葉が流行しています。それどころか「できちゃった再婚」というのもあるようです。つき合っているうちに、女性の方が妊娠したので、これを機会に〝籍を入れよう〟あるいは〝結婚しよう〟というものです。

このように、子供ができるということは、結婚を決めるきっかけになります。

また子供の教育というのは、そこの家庭の大問題です。そして成長する過程で、みな親は一喜一憂します。

昔から、子供は〝授かりもの〟だといいます。子供は、親の所有物ではなく、育てさせていただくことで、自分がちゃんとした親＝人間になるための、天からの〝授《さず》かりもの〟だといえます。

ですから、子供に固執したり、子供を操作したりするのは間違いです。子供は一人の人間として、別個の人格をもっています。勝手に親が望む人生を歩ませるなんて無理なのです。

マーフィーの言葉に、つぎのようなものがあります。

「子供の態度は、家庭そのものです。その家庭を知りたければ、子供を観察するとすぐにわかる」

まさしく、子供の行動や性格を見ていると、そのような行動をとるように、その子を育てた親の教育がわかってきます。また幼いころの家庭環境が、その子の将来を決定するとよくいわれます。

なぜこの子は神経質なのか？　なぜこの子は家庭内暴力をふるうのか？　なぜこの子は引きこもり症になったのか？　なぜこの子は無口なのか？　なぜこの子はヒステリックなのか？……親は、よくよく胸に手を当てて考えるべきです。

肯定的な言葉の教育

「子供を利口に育てたいと思うなら、お前は利口であると言い続けなさい。否定的なことを言ってはいけません」

これは、マーフィー博士の自己暗示の法則です。

「お前はバカだ」「どうしようもない」「できが悪い」

といわれて育った子供は、やはりできない人間になってしまいます。それは、判断能力のない小さなうち、「自分はダメな人間だ」という自己暗示にかかるからです。逆に、「お前はできがいい」「お前はすばらしい」

と言われて育った子供は、「自分は優れた人間なんだ」という自己暗示にかかり、自分に肯定的な感情をもつでしょう。

「母親がイライラしたり、悩んだり精神的に苦しんだりしていると、そういった否定的な感情は、そのまま子供の潜在意識に入り込み、肉体的にも精神的にも子供の健康を害するでしょう。母親は、気持ちをなごやかにすることです。それが子供の健康管理の最良の方法です」

というマーフィー博士の言葉は、子供の肉体的な病気だけでなく、精神的な病気についても語っています。

「病は気から」といわれるように、精神的な病いが、結果的に肉体的な病いを引き起こすのです。子供は病気を通して、親に伝えたいメッセージを発信しているのです。

母親の意義

もう一つ、子供に恵まれない夫婦もあります。この場合、子供に恵まれないことが問題というよりも、それを非難する人間がいるということが問題です。

子供を産んで育てることだけが結婚のすべてなのでしょうか。そんなことはありません。たしかに、子供を育てる過程で、人は多くのことを学び、親となっていきます。得るものも多いでしょう。

しかし、ただ子供を産んだというだけで、子供を産んでいない女性に、

「早く子供を産んだら？」

「女性は、子供を産んではじめて一人前」

「お子さんはまだ？」

というのは酷でしょう。子供をほしくても、身体的な理由か、経済的な理由で、つくれない女性もいるのです。もちろん、子供をつくらない夫婦もあります。

これに対して、最近は、産みっぱなしで、まともに育てないケースもあります。つまり、育児ノイローゼになって育児を放棄したり、せっかんしたり、虐待したりするケースです。

これは母親の心にあるトラウマが原因だともいわれますが、いずれにしても、子供を虐待するのは問題です。その意味で、結婚前からの心のケアというものが必要になってくるのです。

(1) 子供ができないので、夫や周囲の人から責められるとき

子供ができない

結婚した女性に、最初に望まれる仕事は、出産だといわれます。

人間も地球上の生物である以上、子孫を残そうとするのは自然界の摂理です。だから子供の出産は、めでたいことなのです。

現在は、地球上の人口増加が問題になっています。中国などは深刻です。やがて人口爆発が起こるとも心配されています。しかしそういわれながら、日本では少子化が進んでいます。

とかく、女性にとって、出産というのは、結婚以上に重大な問題なのかもしれません。シングル・マザーがふえてきたのも、そのことを示しているのかも知れません。

しかしなかには、体質的に子供を産めない女性もいます。こういう人には、周囲のプレッシャーが強く、精神的にダメージを受けたりします。

相原優子(仮名・二十九歳)さんは、結婚して四年の主婦です。大学を卒業後、三年間、一般事務として勤めた会社を、結婚を機に退職し、以後ずっと専業主婦をしています。

夫の俊一(仮名・三十四歳)さんは、フランチャイズのコンビニエンスストアのオーナーをしています。いわば、大手コンビニの一店舗の店長なのです。

彼は、八年間、大手の不動産会社でためた貯金を注ぎ込んで、長年の夢だった自分の店をもったのです。初めのうちは、慣れない接客や棚作りなどに四苦八苦の連続でしたが、優子さんの手助けもあって、最近はようやく商売が軌道に乗ってきました。

さて、優子さんの悩みというのは、子供ができないことでした。産婦人科で不妊治療をしようかと考えたこともあります。

俊一さんも、あえて「不妊治療をしてみろ」とは言いません。とはいえ彼女は、夫の無言のプレッシャーを感じていました。

たとえば、優子さんと俊一さんが一緒に外出して、子供連れの若いカップルを見かけると、必ず俊一さんは目を向け、うらやましそうな顔つきをするのです。また仕事中でも、小さな子供が自分のそばにやってくると、うれしそうにかまってあげ、その子が帰って行くと寂しそうにするのです。優子さんは、俊一さんのそういった表情を見るたびに、

「わたしも子供を産めたらなぁ……」

と切実に思うのでした。

そんなある日、俊一さんが、優子さんの不妊症を責める、決定的なできごとがありました。彼女が店のレジに立って手伝いをしていると、小さな子供が一人でやってきて、お菓

子を買おうとしていました。

ところが、レジへ運んできたお菓子は、もう片方の手に握りしめているお財布の中身では買えない金額のものだったのです。優子さんは、

「ごめんね。このお金では、このお菓子は買えないのよ」

と説明しますが、いくら言っても、小さな子供にはわかりません。とうとう、子供は泣き出してしまいました。すると、店の奥で商品のチェックをしていた俊一さんが飛んできて、その子供をなだめ、少ないお金と引き替えに、そのお菓子を渡して帰してしまったのです。優子さんがあきれて、

「いくらなんでも子供に甘すぎるわよ」

というと、俊一さんもムッとして、

「君は子供に冷たすぎるよ。子供を産んだことがないから、やさしい気持ちになれないんだよ！」

と言い返してきました。優子さんは、その言葉にショックを受けました。

「やっぱり、女は子供を産まないとだめだと思っていたんだわ」

「口にしなかっただけで、ずっとわたしをそんな風に見ていたのね」

と思うと、やり切れない気持ちでいっぱいになりました。

奇蹟

それからは、子供が自分の近くへ来ると、どう対応してよいかわからなくなり、すぐに俊一さんを呼んで、相手をさせました。

こんな様子を見ていた姑さんが、

「優子さんは子供ぎらいだから、赤ちゃんが授からないんだよ」

と、彼女に聞こえるように、俊一さんに言うのでした。

優子さんは、夫や姑から精神的ダメージを受け、自分でもこの先どうしたらよいかわからなくなってきました。

「このまま子供ができなければ、夫はわたしと別れたいと言いだすかも……」

「子供の産めない女では、妻として失格だと思われている。ああいやだ」

彼女の悩みは深刻でした。

そんな優子さんを、心配した彼女の友人が、こんな言葉を伝えました。

「不安は、愛の最大の敵です。不安を自信に変えなさい。そうすれば、奇蹟が起こるでしょう」

という言葉です。そこで優子さんは、いろいろ考えてみました。すると、

「わたしは、子供がいなくても四年間、夫とうまくやってこれた。もしこの先、子供に恵

まれなくても、きっとわたしたちの愛は変わらない」

という言葉が頭に浮かびました。気分がスッとしました。そして、

「よその子供にあたっても、何も問題は解決しない」

と思い、それからは子供たちと、ふつうに接するようにしました。そんな優子さんを見ていた俊一さんも、彼女への愛情を取り戻し、夫婦生活を軌道修正することができました。

すると半年後、優子さんに信じられないことが起こりました。妊娠したのです。思い起こせば、彼女が〝不妊症〟ではないかと疑いだして以来、二人はなんとなくセックスレスの状態になっていました。

しかし深い愛情で、その悩みを越えることができた二人。コウノトリも、もうだいじょうぶだと判断したのでしょうか、待望の子供が授けられたのです。

これがマーフィー博士のいう奇蹟なのです。

(2) 子供が生まれて、夫に関心がなくなったとき

超ラブラブな二人が……

子供が生まれると、母親はおおいに喜びます。そして子供を必死で育てようとします。以来、母親の全関心は子供に注がれるのです。

ところが、これで相手にされなくなるのは夫です。夫の存在が、急激に小さくなる瞬間……それが子供が誕生した瞬間なのです。

川原明美(仮名・二十六歳)さんは、結婚して一年目。彼女には、生後三カ月になる息子が一人います。現在は、奮闘しつつも実りの多い子育てという仕事に夢中のようです。

夫の健吾(仮名・二十六歳)さんは、明美さんと同い年。仕事は、お酒が大好きなことから、酒造メーカーの営業をしています。体育会系のサッパリした男らしいタイプです。

二人は、高校の同級生でした。とはいえ、三年間、同じクラスになったことは一度もありません。当時、明美さんは、健吾さんの所属するサッカー部でマネージャーをしていたのです。

世話好きの明美さんに、健吾さんはすっかり夢中でした。それで高校三年間の間に口説

きまくって落とした……というわけです。

その後、二人は同じ大学に入りました。二人の七年におよぶ交際の間には、お互いに別な異性とつき合った時期もあったそうですが、やはりそれぞれが、なくてはならない存在だと気がつき、結局、結婚まで至ったのです。

結婚して子供が生まれるまでは、二人は新婚気分を大いに味わいました。周囲もうらやむほどのアツアツぶりでした。新婚というのは、たいがいそういうものですが、この二人は度を越していたようです。マンションのゴミ捨て場に、ゴミを捨てに行くのにも、二人で手をつないで行ったり、近所のスーパーへ買い物に行くのにも腕を組んで行くのです。周囲が、

「いいかげんに、離れなさいよ」

と言いたくなるほどでした。

ところが、そんなにラブラブだったこの夫婦が、ある時期を境に、急速にクールな夫婦になってしまったのです。その原因は、子供の誕生でした。

夫はいらない

子供が生まれてから、明美さんは毎日、必死で赤ん坊の世話に明け暮れました。

もし子供が顔をゆがめれば、その表情の変化に、子供の気持ちを読みとろうとし、子供

が泣けば、おむつの替えやミルクの補給をし、子供が眠れば、息をしているのかを確かめては喜び……といった様子で、子供の動きを絶えず気にして、一喜一憂する毎日です。そんな明美さんを見て、健吾さんはさらに、

「明美はやさしいから、いい母親になったね」

と、彼女への愛情を募らせました。ところが、健吾さんの気持ちとは裏腹に、明美さんは健吾さんに対しては、

「彼が近くにいるとイライラする」

と感じるようになったのです。

たとえば、健吾さんが子供の面倒を見ているときはいいのですが、子供を見ている明美さんにジャレてきたり、子供そっちのけで、明美さんにまとわりついてくるとき、夫の存在がうっとうしく感じられるのでした。

やがて明美さんは、

「子供さえいれば、夫なんかいなくてもいいわ。この子だけが、わたしの人生の生きがいだから」

と、考えるようになってきました。そして夜、夫が明美さんのベッドに入ってきても、

「子育てで疲れているから」

「子供が起きちゃうわよ」

といって、強く拒否するようになったのです。それが毎回になると、さすがに健吾さんも腹が立ちました。

「子供さえいれば、もう俺なんかどうでもいいってわけか？」

と、ついに明美さんにつめ寄りました。

彼女には、返す言葉がありませんでした。もしも、

「そうよ。わたしの生きがいは子供だけ。この子と生きて行ければ、あなたがいなくてもいいわ」

と、本心を伝えれば、夫が傷つくし、何より今いなくなられては困る……と思いました。明美さんの困った顔を見た健吾さんは、それ以上追及しませんでした。しかし、夫婦ですから、妻の気持ちはわかります。健吾さんは、

「そうか……」

とひと言つぶやいて、その場を立ち去りました。

子供は親のものではない

実は、明美さん自身も、自分の気持ちの整理がつかない状態でした。彼をあれほど愛していたからこそ結婚し、子供を産んだのです。その子供が大切なのは当然です。

しかしそれが度を過ぎて、今まで夫へ向かっていた愛情が、すべて子供に向けられてnし

まったのです。かといって、自分でその愛情をコントロールすることができないから、明美さんは悩んでいるのです。

ある日、明美さんは子供を連れて、駅前に買い物に行きました。そして、ふと本屋に立ち寄りました。そこで一冊の本を手に取りました。それが、マーフィーの法則に関する本だったのです。

なにげなく買ったその本に、

「子供は、母親を通じて生まれたのであり、母親によって生まれたのではない。つまり子供は、母親の所有物ではない」

と書いてありました。この言葉に、明美さんははじめ、強い抵抗感をもちました。しかしよく考えてみれば、この子供と一生、一緒に暮らしたいと思っても、やがて子供は成長し、母親の元を巣立っていくのです。

みんなそうなるのです。自分もそうして、両親と別れてきたのです。そして、子供というのは、親の言う通りにはならないもの。なぜなら子供には別の人格があるから……このことは、明美さん自身が証明してきたことでした。

「子供は、わたしの持ち物ではないのね。ましてペットのように縛りつけておくことはできない。いずれはわたしの手から離れていく。子供に過剰に生きがいを感じているけど、それはわたしの執着だったのかも」

明美さんは、そう悟りました。

子供を育てるのも、子供を手放すのも、自然界の摂理なのです。動物たちは、全力で子育てをします。しかしそれは自然の行為であって、執着ではないのです。

しかし、子供が成長して親元を離れて行っても、その後も伴侶とは一緒に生活を共にするでしょう。つまり、夫や妻との生活をきずくことが、まず第一義なのです。これなしに、いい子育てはありません。

明美さんは、以前夫に向けていた熱烈な愛も、今子供に向けている熱烈な愛も、どちらも自分の心がこしらえた〝執着〟だということに気づきました。それは、

「わたしは、これまで健吾さんを、本当に愛していたんじゃなかった。もしかしたら、子供も、本当の意味で愛していたんじゃなかったのかもしれない。みんなわたしの心がつくりだした世界の中で、わたしの感情を、そのつど満たしてくれる対象にしていた。わたしが愛していたのは自分自身だった」

という気づきに達しました。そして、

「ああ、健吾さん、ごめんなさい。みんなわたしの勝手な思いで、あなたをふり回してばかりで……。もし、ゆるしてくれるなら、これから本当の意味で、あなたを愛したい……」

と心に決めたようです。

(3) 夫が子供の面倒をちっとも見てくれないとき

早すぎる結婚

結婚して生まれた子供は、夫婦の宝物ともいえます。しかし、その子供の面倒を、夫がまったく見てくれないとしたらどうでしょう。きっと心細く、悲しい気持ちになるでしょう。

小松静香(仮名)さんは、十九歳のヤンママです。高校を卒業後、すぐに子供ができたので結婚しました。いわゆる〝できちゃった婚〟です。

高校時代の彼女は、勉強ぎらいのため、アルバイトばかりの毎日でした。そのアルバイト先のファーストフードの店で知り合ったのが、現在の夫・隆史(仮名・二十一歳)さんだったのです。

隆史さんは現在、ファーストフードの店でチーフ・マネージャーをしています。静香さんと知り合った当時、隆史さんはフリーターとして現在の店で働いていましたが、彼女の妊娠と結婚を機に、同じ職場に正社員として就職をし直したのです。

はじめ、隆史さんの親は、息子の結婚に「早すぎる」といって反対でしたし、静香さん

の親も、

「定職にも就いていないのに、結婚生活などできるのか？」

と難色を示しました。しかし隆史さんが就職し、両方の親を説得し続けたため、なんとか二人は結婚することができました。

そして静香さんは、無事に子供を出産したのです。ところが、子供が生まれたことで、静香さんは新たな悩みを抱えることになったのです。

夫は、子供に無関心？

静香さんの悩みは、隆史さんが子供の面倒を見てくれないことでした。生後まもない赤ん坊は、三時間ごとにミルクをあげたり、ひんぱんにオシメを取り替えなければなりません。たとえ親が忙しくても、眠くても、子供は関係ありません。そのたびに泣くので、夜などはとくにイライラの連続です。

それでも、生後三カ月ごろまでは、子供を静香さんの実家で育てていたので問題はありませんでした。しかしその後、静香さんが隆史さんとの新居に戻り、子育てをはじめたところ、隆史さんがそれにまったく関知しないのです。

静香さんが、子供のそばを離れているときや、どんなに大声で子供が泣いているときでも、子供を抱き上げることもなく、子供の顔さえもほとんど見ないという、まるで存在無

視のような状態です。静香さんが
「ねえ、子供を抱っこしてよ。たまには面倒見てよ」

というと、なんと隆史さんは、

「責任はとったんだから、子供はお前が育てろよ」

と言い返したのです。静香さんは隆史さんの言葉にショックを受けました。夫が自分の子供に対してもっているはずと思っていた愛情は、責任という一言ですまされてしまったのです。


こういうのは男の勝手な論理ですね。生活の保障をしたのだから、子供の面倒は見なくていいはずだというわけです。

そんなとき、静香さんはマーフィーの法則に出会いました。きっかけは、友人がもっていたマーフィー関係の本を読ませてもらったことでした。

友人は、

「この本、いいこと書いてあるの。わたしの人生観、変わったよ」

と、マーフィーを絶賛したので、静香さんも興味半分でマーフィーの本を借りたのです。そして読めば読むほど、静香さんはマーフィーのおもしろさにはまりました。その中に、

「問題解決の方法は、思いがけない方角からやってきます」

という言葉がありました。つまり、あなたがあきらめずに問題解決を願っていれば、いつか思いがけない方法で、問題解決がされるのだということです。そしてそれには「祈り」が大切だと書いてありました。

宗教とか信仰に縁のない静香さんですが、その日から熱心に、

「必ず、夫が子供をかわいがって面倒をみるようになる！」

と、毎日念じ続けました。

願いが通じる

それから数カ月後のある日のことです。なんと隆史さんが、子供を抱き上げる姿が、静香さんの目に入ってきたのです。静香さんは驚いてその光景を見つめるばかりでした。隆史さんは、

「裕二(子供の名前)なんて泣くばっかりでさ。どうやってあげたらいいのか、わからなかったんだけどさ。さっき、裕二が俺に向かって急に笑ったんだよ。それで何となく裕二が『抱っこして』って言ってるような気がしたんだ。そうしたら、うん、自然に抱き上げることができたんだよ」

と、静香さんにそのことを話しました。

彼女は、とにかくうれしくて、

「裕二が隆史さんをその気にさせるなんて、思いもしなかったわ」

と感激するばかり。

だれでも、子供が可愛くないはずがありません。隆史さんの心には、早婚の責任を背負わなけりゃ……という重圧が、子供と正面から向い合うのを避けさせていました。でも、さすがに若くして結婚し、家族を背負うぞと決意しただけあります。もはや一家の大黒柱として自覚をもった隆史さんには、心の余裕ができました。そんなとき、ふと気づくと、自分の子供の可愛さに、改めて遭遇《そうぐう》したのです。

(4) 子供の教育方針が夫と合わないとき

順風満帆

高井幸江(仮名・二十七歳)さんは、二歳の女の子をもつ専業主婦です。幸江さんには、兄と弟が一人ずついます。兄は家庭をもち、弟は一人暮らしをしています。

幸江さんは、短大を卒業後、雑貨店で販売の仕事をしていましたが、妊娠を機に退職しました。

夫の光一(仮名・三十歳)さんは、幸江さんより三歳年上。一人っ子なので兄弟はいません。仕事は、大学を卒業後、信用金庫に勤めています。性格は、生真面目でおとなしいタイプです。

二人の出会いは、友人の結婚披露パーティーでした。というより結婚式の二次会です。つまり光一さんの職場の同僚と、幸江さんの高校時代の友人が結婚したのです。その場ではあまり話をしなかった二人でしたが、その後しばらくして、光一さんが幸江さんの家へ電話をかけてきたのです。そしておつき合いがはじまりました。

そして一年ほどの交際の後、結婚しました。結婚後すぐに子供に恵まれ、はた目からも順調な結婚生活がスタートしました。夫も子供をとても可愛がり、どちらの家の両親も、初孫の誕生に大喜びでした。

しかし、思いがけないトラブルが発生しました。それは、子供の教育方針について、夫婦の考え方が大きく異なることでした。

環境の違い

幸江さんは兄と弟のいる環境に育ち、ある意味では〝もまれて〟育ちました。子供に対しても同じ考えです。兄弟はいないまでも、友だちなど大勢の人間の中でもまれて育った方がよいと考えています。

いろいろな人の中でもまれて、いろいろな経験を通じて、とにかく元気な子供に育ってほしいと考えています。

これに対して、一人っ子で育った光一さんは、子供に関しては過保護主義です。子供が公園で遊んで、ケガをしてかえると、

「そんな乱暴な遊びをする子と遊ばせないようにしよう」

と心配します。子供がクシャミをしただけで、

「風邪《かぜ》をひいているんじゃないか？　病院に連れて行こう」

と、これまた心配症です。そして、子供が二歳になると、英才教育をさせようと思い、

幼児教室に通わせることにしたのです。幼児教室というのは、言語や計算の基礎を学ぶ塾のようなところです。

「子供が小さいうちに、いろいろと習いごとをさせておこうよ」

といって、幼児教室の他にも英会話や音楽教室、体操教室などのパンフレットをもらってきては、あれこれと検討しています。そしてついには、

「できれば、子供が楽なように」

と、有名大学の幼稚舎へ入れたいと考え、「お受験教室」に通わせようとしました。幸江さんはこれには反対しました。

「子供は遊ぶもの。遊びの中から、いろんなことを学ぶのが子供の仕事よ。なのに塾、塾って。勉強を強制するのはかわいそうよ」

するると、光一さんはこう反論しました。

「なにいってるんだい。受験戦争にまともに子供が巻き込まれることの方が、よっぽどかわいそうだぜ。有名幼稚舎に入ったら、あとはエレベーター式で大学まで行けるんだもの。それに、学級崩壊だとか不良だとか、絶対に私立の学校の方が安心だよ」

これもまあ正論といえば正論です。幸江さんも、光一さんの気持ちが、まったくわからないわけではありません。というのは、光一さんは大学受験に失敗し、二浪しているのです。しかも、希望した大学には入学できず、ややあきらめの気分ですべり止めの大学に通

い、そのせいで就職も苦労しました。

それを思うと、子供に同じような思いをさせたくないと願うのは、当然の親心です。幸江さんも、四年制の大学を出ていません。大学受験に失敗し、あきらめて短大に行ったクチだったのです。それを考えると、光一さんの意見を頭から否定する気にはなれません。

幸江さんは、自分の幼い頃をふり返ってみました。兄と弟に挟《はさ》まれて育ったせいか、気が強く、やんちゃな女の子でした。兄弟ゲンカもしょっちゅうでした。しかし、学習塾やお稽古《けいこ》ごとに、無理やり行かされたり、勉強をするように押しつけられたりした記憶はありません。幸江さんの両親は、「健康で元気なのが一番」という考えのもちぬしで、放任主義に近い育て方をしていたのですから。

子供の可能性を育てる

彼女は、塾がよいやお稽古ごとをしてこなかった。そしてそれを後悔していません。むしろそのお蔭で、充実した学生生活を過ごしてこられたと思うからです。中学校では、ブラスバンドのクラブ活動を始め、高校では、ブラスバンドに所属するかたわら、ボランティアをしました。短大では、写真のサークルにも入りました。

このように、自分の好きなことを、自分で選択して、そしてそれを楽しんで生きてきた女性です。ですから、自分の子供にも、自分の好きな道を歩んで欲しいと思っています。彼女は、そんな自分の気持ちを、光一さんに話しました。ところが彼は、

「そうか……。俺は正反対に育ってきたよ。小さな頃から稽古に塾。いつもそうだった。そう、友だちと遊ぶ時間もない。楽しかったかって？　楽しいわけないだろ。サボって怒られるし。結局どれも続かなかった。その結果が今の俺だもんな」

「ただ、俺は子供にいろいろな可能性だけは、用意しておいてあげたいと思ったんだ。こういう学生生活だったら、この大学しか行けない……なんて淋しいもん。この大学だから、この会社しか行けない……というのも虚しい。だって、国立大学の工学部をでて歌手になった人もいるし、芸能人が知事になったりする。どんな選択肢でもとれる子供に育てたい……と思ったのさ」

「だけど、もしかしたら、こういう考えも親のエゴかも知れないな。子供には、自発的な子供の意志があるんだし、君のいうように、子供時代にしかできない遊びや体験を通して、自分で選んだ道を歩むのが、本当に子供のためになるのかも知れない」

光一さんは、そう言って、幸江さんの肩をそっと抱きました。幸江さんは、涙を浮かべながら、

「わかってくれて、ありがとう。でも、あなた、そんなに深く考えていたの？　すばらしい考えだと思う。わたし、単なるガリ勉主義かと思ってた。もうすこし考えて、子供の主

体性を育てながらも、いろいろな可能性を用意してあげられるような教育を捜してみましょう」

と言いました。

マーフィー博士の言葉に、

「ビジョンを描くことです。あなたのビジョンを、健康と調和、心の平和へと向けることです。あなたが今まさに注意を払っているもの、すなわちあなたが心の中で考え、そして想像しているものが、あなたのビジョンなのです」

というのがあります。子供の将来を案じるのは親心として結構です。しかしそれが、子供が「受験や就職に失敗した時、子供の人生は失敗」であるとイメージするのはよくないのです。大切なのは、その子供が自分なりに幸福な人生を歩む姿をビジョンとして描くことです。

幸江さんも、お稽古ごともせず受験も失敗し、希望の大学へも進めませんでした。それでも幸福な家庭を築いているではありませんか。あなたも、子供の将来を考えるなら、心身ともに子供が幸福になれるビジョンをまず描くことです。

Chapter.5

離婚問題に発展するようなトラブルが起きたとき

夫婦が別れるとき

結婚して訪れる様々なトラブル。それを解決するのに、いちばん簡単な手段が離婚です。しかし、恋人が別れるのとは異なり、離婚は法的な手続きを踏まなければなりません。

まして子供がいると、夫と二人だけの判断ではすまない点もでてきます。慰謝料や子供の養育費があまりからまない協議離婚なら心労が少なくてすむでしょうが、現実問題として手続きが大変です。

いずれにしても、自分の生活を守る権利を主張するのは大切なことです。そして離婚をして〝出戻って〟も、実家の人たちが暖かく迎えてくれることが大切です。昔は結婚するとき、

「おまえの家は、嫁ぎ先以外にないと思え」

と、女性は通告されたものです。まあ実際は、離婚もありましたが、それぐらいの覚悟をもって結婚に臨んでいたのです。

「だめだったら、まあ戻って来いよ」

と親が娘に言う時代になった今、現実に多くの離婚が生み出されているのです。

ふり返って考えてみると、結婚前の男女交際というのは、いくらでも複数の相手とできます。それは、自分にぴったりの、たった一人の相手を見つけるためです。そして「この人なら」と思う相手が見つかって結婚するわけです。

もちろん、運命の出会いで、ほとんど初恋で結婚する例もあるでしょう。しかしいずれにしても、「この人だ」という強い確信があったからこそ、結婚を決めたのだと思います。

そうまでして決めた結婚です。離婚という安易な手段をとらずにすむ解決法があるのなら、その方が得策です。たしかに、離婚するのは簡単です。離婚によって、今かかえている悩みは解消するかも知れません。

精神的な離婚

しかし離婚をして、腹立たしい結婚を精算できたとしても、その後、また愛する男性が出現するかも知れません。再婚です。初婚は練習、再婚こそ本番……という流行の文句がありますが、お互いにはじめからそういう認識で結婚するのならいいですが、そうでなかったら、相手がかわいそうです。

再婚して、やっと幸せな結婚生活を手に入れる人もいますが、再婚して別の壁にぶつかる人もいるでしょう。そのとき、また離婚を考える人もいます。

わたしの知人に、三回も四回も結婚している人がいます。よくまあ飽きないなあと思いますが、これぱかりはその人の生き方によるのでしょう。

マーフィー博士は、

「自分の配偶者に対して、過度の立腹・恨み・悪意・敵意などを抱くなら、それは精神的に離婚したことになるのです」

「離婚は、二人の心の中から始まるのです。離婚届けは、最終的な処理に過ぎないのです」

と語っています。この二つの言葉の意味は、本当に法的に離婚をした夫婦でなくとも、精神的に離婚をしている夫婦は非常に多いという意味ですし、また実際に手続きを踏んでいなくても、それ自体が離婚といえるのだという意味です。

「夫とは、もうとっくに心なんてつながってないわよ。でも、離婚だけはしないと決めてたから……」

「もう夫に愛情なんか感じていないし、別れてもいいと思っているけど、夫の方が離婚したがらないのよ」

「周囲の人の前では仲のいいフリをしているけど、実際は食事も寝る部屋も別なの。もちろん会話もないわ」

このような夫婦は、法的に手続きをふんでいなくても、実質的には離婚しているのです。もし、できれば離婚をしないで、夫婦の関係を続けていきたいと思っているのなら、精神的に離婚しないことがもっとも大切です。

それには、夫婦間の問題は、封じ込めたり見て見ぬふりをしないことです。そしてどうすればその問題を解決できるか、話し合うことが絶対に必要です。

「気をつけることです。離婚をした女性(男性)が、前夫(前妻)に深い恨みや怒り、悪意をもち続けていれば、この心的態度は、またもやよく似た性格の男性(女性)を引きつけてしまうのです」

と、マーフィー博士はいいます。

離婚することで、現在の結婚生活から逃げることは、心の中で問題解決をしていないことになり、いずれまた何らかの形でその問題を突きつけられるときがくるでしょう。

結婚生活の悩みから、はやく解放されたいために、

「なぜ、このような問題が起こったのだろう?」

「どうすれば解決するのだろうか?」

「夫はどうして変わってしまったのか？」

「わたしと夫との間に亀裂が生じたのは、なにが原因なのか？」

といったことを考えずに、

「相性が悪かったのね」

「夫との結婚は間違いだった」

「夫にだまされた。ゆるせない」

「夫は、結婚してから変わったわ」

というように、努力を試みないで、問題解決をあきらめたり、一方的に夫を責めるような気持ちなら、新しい生活をはじめても、また何らかの問題が起こってくるのです。心理学的には学習といいますが、以前の経験を踏まえて、状況に適応すること、これがないと、同じ過ちを繰り返すケースが多いといわれます。

もし同じような問題が起こってきたら、その原因はあなたにあるのかも知れません。あなたは被害者かも知れませんが、どこかで相手をそこまで追い込んだのかも知れません。

「ただ、結婚の誓いをしたからという理由だけで、いつまでも結婚を継続する必要はないのです。心が一つかどうかを点検することです」

これは離婚を勧める言葉ではありません。心がまえを説いているのです。やはり離婚は簡単にすべきではないとマーフィー博士は考えます。しかし、

「結婚してしまったから、もう仕方がない」
「夫に愛情はないが、面倒だから一緒にいる」
「離婚したいが、子供がいるからガマンしよう」
「夫が何をしようが、お金さえくれれば文句はない」
「お互いに不倫しているけど、問題はないので離婚しない」

というような気持ちで結婚生活を続けているのなら、むしろ離婚を選択した方が正しいという考えなのです。お互いに現在の結婚生活に満足しているのなら別ですが、できれば離婚したいというのなら、それもやむを得ない選択だというのです。

不倫は〝真実の愛〟か？

以上のように、離婚はなるべくすべきではない選択なのですが、それがすべての結婚に当てはまるべきものでもありません。なぜなら、世の中には間違った結婚というものも存在するからです。

結婚するときの、相手の選択が間違っていて、結婚後に本当に結婚すべき相手と出会ってしまう場合もあるでしょう。

ところで、いわゆる不倫な関係とは〝真実の愛〟でありうるのでしょうか。結婚している人間が、今の結婚が間違いであったことを認識し、新しい相手とやり直す気持ちをもっているのと同時に、相手も結婚をするつもりでつき合っている場合に限り、たとえ不倫の場合であっても、真実の愛となりうるかも知れません。

しかし、これも一概にそうだといえないところがあります。〝裏切り〟という問題があるからです。「裏切る者は、裏切られる」という法則があります。ですから〝背徳〟とされるのです。

『メイド・イン・ヘブン』という映画がありますが、天国ではすでに結婚している二人が、地上で出会ったときが結婚であり、この二人なら、別れることはないのです。

魂の結婚＝結魂の意味を、もう一度考えてみる必要がありそうです。

(1) 夫が暴力をふるうとき

酒乱になる夫

離婚の原因の一つに、夫の〝暴力〟があります。最近でこそドメスティック・バイオレンスとよばれ、社会問題となっているようですが、これは〝人権問題〟云々以前の、昔からある問題なのです。

坂口一美（仮名・三十三歳）さんは専業主婦です。結婚して十年。小学生の男の子が二人います。

夫の文彦（仮名・三十一歳）さんは、建築会社で設計をしています。

二人のなれそめは、一美さんがアルバイトをしていた喫茶店に、文彦さんが常連客として来ていたことでした。昼休みに毎日ランチを食べに来ていた彼を、一美さんはちょっぴり気にかけていました。

ある日、一美さんがアルバイトを終えて帰ろうとすると、文彦さんが待っていて、映画に誘ったのです。これが交際のきっかけでした。以来、交際一年ほどで、二人は自然に結婚しました。

文彦さんは仕事熱心で、人あたりもいいので、同僚からの受けもよく、賭けごとなども一切しない真面目な人でした。ところが、唯一、一美さんが耐えられない欠点がありました。それは、お酒が入ると性格が一変し、彼女に暴力をふるうことでした。しかもそれが年々ひどくなるのです。

平日は、仕事を終えて帰宅すると、文彦さんは、まず初めにお風呂に入ります。そして一美さんと子供と一緒に、四人で夕食をします。その間は、一美さんと子供二人が会話をし、もともと無口な文彦さんは、黙々と食事をしています。

そして、子供が寝たころあいを見計らって、文彦さんは毎晩、一人で晩酌をはじめます。アルコールがまわってきたころ、

「あんな会社は最低だ！　二度とあんな上司の下で働くもんか！」

というような仕事のグチがはじまります。一美さんが、

「そんなこといわないで、わたしたちのためにも頑張ってください」

と励ますと、今度は一美さんを責め、

「うるさい。お前たちがいるから、会社を辞められないんだ。お前と結婚してからロクなことがないよ！」

とののしって、彼女に暴力をふるうのです。子供たちもいくら寝ているとはいえ、殴られた一美さんが泣き叫んでいるのですから、当然起きてしまいます。

しかし、小学生の子供には父親をどうすることもできず、ただただ蒲団の中でおびえているだけです。そして翌日、顔を腫らしている母親をじっと見ているしかありません。一美さんも子供たちの気持ちに心配をかけまいとして、

「お母さんはだいじょうぶよ。心配しないで」

と二人を抱きしめました。しかし、彼女はひそかに考えていたのです。夫との離婚を。

実家へ逃げ帰る

ある晩、一美さんはまたも夫に暴力をふるわれました。もうこれ以上たえられません。彼女は、

「だったら別れましょう。わたし、この家を出ます」

と夫に言い放ったのです。文彦さんはますます逆上し、

「そんなことは俺がゆるさない！」

と叫んで、彼女を殴り続けました。たまりかねた小学生の長男が、隣の部屋から飛び出して来て、

「お父さんやめて！　お母さんを殴らないで！」

と、一美さんをかばいました。すると文彦さんは、

「なんだ。お前も殴られたいのか！　どけ！」

と長男を一美さんから振りほどき、家具へ叩きつけました。するとその勢いで、長男は気を失ってしまったのです。

翌日、一美さんは夫が勤めに出ている間に、子供を連れて実家へ戻ることにしました。自分だけならまだしも、子供に手を上げた夫がゆるせなかったのです。幸い大したケガではなかったのですが、

「子供にもしものことがあったらと思うと、これ以上、この家にはいられない」

と、彼女は決心したのです。そして「実家へ帰る」という置き手紙と、一美さんのサインを記入した離婚届けを残して家を出ました。案の定、夫はその夜、実家へ電話をかけて来て、

「バカなことをしていないで、早く戻って来い！」

と一美さんに迫りました。彼女も負けずに、

「バカはあなたでしょう！　離婚届け、出しておいて下さい」

といってガチャンと電話を切ってしまいました。事情を聞いた一美さんの両親は、

「気持ちはわかるけど、子供たちのことを考えると、離婚しない方がいいんじゃないの？」

と彼女を説得しました。でも、当の子供たちは、

「僕たち、お父さんがいなくても平気だよ」

と一美さんの味方をしてくれました。

とはいえ、彼女自身も、離婚以外にこの問題の解決の道はないものか、と思案していました。

さて、実家へ戻ってから、一美さんはヒマをもてあましていました。そこへ、中学校の同級生で、親友の小松智子(仮名)さんから、

「どうせヒマでしょ？　遊びに来ない？」

と電話が入ってきたのです。一美さんは、ちょっとバカにされたような気がしましたが、悔しくてもその通りだったので、智子さんの家へ出かけたのです。

「お母さんから聞いたわよ。戻って来たんだって？」

明るく言う彼女に、一美さんも苦笑し、

「そうよ。夫の暴力がひどくて。離婚しようと思ってる」

と、ことのいきさつを話しました。すると智子さんは、

「バカねえ、一人で悩んだりして。わたしに相談すればよかったのに」

といって、なんとマーフィー博士の言葉が書いてある本を見せました。智子さんは、その本を一美さんに渡しながら、

「楽天家に見えるわたしでも、いろいろと悩んだことがあった。そのときに出会ったのがこの本。お蔭でわたしにも遅い春が来て、ついに来年、結婚することになったんだから！」

と智子さんは、自分の苦労話をはじめました。一美さんも、彼女が過去に長年つき合った男性と婚約解消をしてから、ずっと一人でいたことを心配していたので、智子さんの報告を聞いて、

「よかったね」

といって、素直に喜びました。

「ありがとう。今度はあなたが幸せになる番よ」

と一美さんの背中をバンと叩きました。

暴力をふるう必要がなくなる

一美さんは実家へ帰り、その本を何度も読みました。そして、目から鱗が落ちる思いがしました。一美さんはマーフィー博士の言葉の中から、

「賢明な配偶者は、相手の心の病いを理解し、愚かな配偶者は、不満を抱いて神経症に陥るのです」

という言葉を見つけました。一美さんは考えました。暴力をふるう夫というのは、心の病いに冒されているのです。それはまた、妻に対する何らかのメッセージでもあるのです。問題から逃げ出さずに、相手の心を理解することからはじめようか、と一美さんは思いました。

夫の待つ家へ、子供と戻った一美さんは、それから彼がどんなにお酒を飲んで、グチをこぼそうが黙って辛抱強く聞くことにしました。そして、彼が仕事を辞めたいと言うと、もう止めることはせずに、

「無理してイヤな仕事をすることはないわよ。あなたの好きにしたらどう？　わたしも働こうと思うの」

というふうに、夫の立場に立つことにしたのです。

すると夫も、もう一美さんに手を上げることがなくなりました。口論することもなくなったのです。というより、夫にすれば、本当に心強い味方をえたような心境だったのです。

文彦さんの心の奥には、幼児期にやはり父親から虐待された深い心の傷があったのです。ですから、一種父親的な会社の上司に、もの凄い反感をもっていました。同時に、社会にも反感をもっていたのです。

心の中で長年苦しんできた文彦さん。しかし今、自分に対して、本当にやさしくしてくれる存在としての妻を、再発見できたのです。ギリギリ危機一髪で、文彦さんも救われました。

もし一美さんの発想の転換がなかったなら、いずれは暴力事件で問題を起こしていたであろう文彦さんでした。

現在、一美さんはかつて書いた離婚届けを破り、文彦さんと幸せに暮らしています。

(2) 夫がギャンブルをやめてくれない

誠実な人

ギャンブルは、以前に比べると一部の愛好家のものではなく、今やオープンな趣味の領域に入っています。

たとえば、女性がふだんの感覚で、競馬や競輪をする時代になりました。パチンコも、アミューズメント感覚で多くの人に楽しまれています。

このように、ギャンブルは即不健全というイメージは、今や過去のものとなったようです。

しかし夫婦にとっては、夫のギャンブル好きや妻のパチンコ癖は、ときとしていろいろな事態を招いてしまうようです。たまの遊びなら問題ないものを、借金をしてまでギャンブルにのめり込む……という笑いごとではすまされない事態も起こってきます。

金井美智子(仮名・二十六歳)さんは専業主婦。一歳の女の子が一人います。夫の紀男(仮名・二十九歳)さんは、旅行会社で営業をしています。

二人は、お互いの会社の同僚が企画した合コンで知り合いました。紀男さんは、美智子さんを一目見て気に入り、さっそくデートを申し込みました。

当時の美智子さんは、製菓会社で受付嬢をしていました。その頃の紀男さんは、旅行のパンフレット制作などの企画室にいましたが、会社が近い距離にあることから、昼休みになるとランチを誘いに、彼女の会社の受付にやってきました。はじめ彼を、

「なんだか軽い人ね」

と敬遠していた美智子さんでしたが、毎日彼女の元へやって来る紀男さんにだんだん親近感がわき、交際をすることになったのです。

さていざ交際をしてみると、紀男さんは思っていたよりも誠実な青年でした。デートに遅刻することはないし、必ず美智子さんの意向を聞いてからデートプランを立てるし、彼女が落ち込んでいれば、親身になって話を聞いてくれます。美智子さんは、つき合いが長くなるにつれ、

「彼は、わたしにとって、なくてはならない存在」

と思うようになりました。ですから、紀男さんのプロポーズも心から喜び、すぐに結婚の承諾をしました。

そんな紀男さんでしたが、ギャンブルに手を出しはじめたのは、ちょうど一年半前のことでした。

借金がふえる

結婚して半年が過ぎた頃、彼は人事異動で、子会社へ出向になりました。しかも仕事は、企画とはまったく異なる営業でした。紀男さんは、旅行の企画を考える当時の仕事が好きだったので、ハタから見てもわかるほど、すっかり気落ちしていました。

そしてひどくストレスを抱えるようになった紀男さんは、いつしかギャンブルにのめり込むことでそれを発散させるようになりました。

しかし美智子さんも、ちょうど妊娠中で、自分のことで精一杯なので、あまり夫に対して思いやりのある言葉をかける余裕がありませんでした。

紀男さんは毎晩、パチンコをして帰りました。月のお小遣いは、すべてパチンコで使い果たし、美智子さんに小遣いの前借りをするようになりました。彼女が、

「来月までがまんして」

と断ると、彼は、

「俺の稼いだ金を、俺が使ってなにが悪い」

とすごんで、彼女からキャッシュカードを取り上げ、生活費を勝手におろしてパチンコにすべて使ってしまうまでになりました。貯金を使い果たした紀男さんが、つぎに手を出したのがサラ金でした。

もちろん返すアテもなく借金を繰り返す夫のために、実家に頭を下げてお金を貸してもらい、何とか返済をし続ける美智子さん。夫もそのときは深く反省し、

「もう二度と借金はつくらない」

と誓いますが、ほどなくしてパチンコ通いが再びはじまりました。彼女の頭には「パチンコ依存症」という言葉が浮かびました。アルコール依存症と同じで、一日たりともパチンコをせずにはいられなくなるという症状です。

自分の実家に、これ以上迷惑をかけられない美智子さんは、

「また彼は借金をつくる。もう別れるしかない」

と決心しました。そして実家の両親に、

「子供を預かってもらえれば、わたしも仕事ができます。夫とは別れます」

と相談しました。すると、両親は、

「そんなにすぐに結論を出すことはない。気長に待っているうち、解決することもあるよ」

と美智子さんを説得しました。説得に負けて、彼女は当面は離婚を見送り、解決策を探すことにしました。

パチンコよりもおもしろい趣味

美智子さんは、夫がどうしてパチンコに熱中しだしたのか、真剣に考えてみました。そ

れは現在の営業の仕事に移ってからです。そこで抱えたストレスを解消するためにパチンコをはじめたわけです。

ということは、純粋にパチンコが好きではじめたわけでなく、他にストレスを解消できる場があれば、やめられるかも知れない……と美智子さんは考えました。美智子さんは、

「パチンコをがまんさせるんじゃなく、パチンコよりもすばらしいものに目を向けさせればいいんだわ」

ということに気づいたのです。彼女は紀男さんに、

「ねえ、パチンコのどこがおもしろいの？」

と尋ねました。すると夫は、

「え？　どこがおもしろいって、特にどこということはないさ。ただ気分がスカッとするからさ。……ただ、最近はやればやるほど、なんかよけい空しくなるときもある」

と答えました。美智子さんは「しめた！」と思いました。

「彼はパチンコにちょっぴり飽きはじめている」

そう確信した美智子さんは、パチンコよりも健全で、スカッとできる遊びを考えてみました。

それからというもの、水泳、テニス、バッティングセンター、ビリヤード、ファミコン、インターネット、カラオケ、コンサート、山登り、釣り、キャンプ、プロ野球観戦、

Jリーグ観戦……など、思いつく限りのことを、彼に経験させました。もちろん美智子さんも一緒にです。

しばらくたって美智子さんは、

「どう？　趣味をもつっていいでしょ？　パチンコなんかより楽しいものがいっぱいあったでしょ？」

と夫に尋ねました。一通りの遊びを経験した紀男さんが出した答えは、美智子さんを驚かせるものでした。

「うん、どの遊びもそれぞれいいよ。夢中になれる。だけど、君が隣にいて一緒にやることが、いちばん楽しい要因だとわかった」

さらに彼は、

「パチンコって、機械に向かってたった一人でやる。だから空しかったんだ。でも君と一緒にスポーツしたりすると、お金もあまり使わないけど、それよりストレスのことも忘れちゃうんだ」

と言いました。

それ以来、紀男さんはパチンコをピタリと止め、現在は美智子さんと一緒にスポーツクラブへ入会して、いろいろなスポーツを楽しんでいます。もちろん、借金も作っていません。

(3) 夫が定職につかないとき

夢を追う夫

昨今は、昔にくらべて女性の社会進出がふえ、女性も仕事をするのが常識のようになりました。ですから、結婚後も仕事をつづけたいと、女性が願うのもむりはありません。

しかし、妻が働くからといって、夫がなにもしないでブラブラしているのは、やはりちょっと不自然ですね。なかには〝ヒモ生活〟をする男性や、役割交代して〝主夫〟をする男性もいます。あるいは、カミさんの方が、圧倒的に収入が多いというケースもあるでしょう。

しかし、やはり男性が仕事もせずにブラブラしているというのは、あまり健全な社会ではないように思います。仕事をしないのなら、青年海外協力隊へ参加して、社会への貢献に命をかけたらどうでしょうか。

ちょっとキビシイことをいいましたが、とにかく、夫の収入が安定しないと、必然的に日々の生活は苦しくなるし、家庭の雰囲気までギスギスしてきます。

定職につかないだけでなく、転職を繰り返す夫も同様です。

松島加代子(仮名・二十八歳)さんは、結婚して五年になる女性です。夫の隆文(仮名・三十歳)さんは、なかなかすてきな男性です。

なれそめは、加代子さんが大学時代のとき、隆文さんから街で声をかけられたことです。いわゆるナンパです。加代子さんも、彼が好みのタイプだったので、つき合ってみることにしました。

隆文さんは、一見軽そうに見えましたが、いつも夢を胸に描いてがんばっている、一途なところがあります。彼の夢は、デザイナーになることです。大学を卒業して、一度はサラリーマンになりましたが、二年ほどで会社を退職しました。そして昼間、デザイン学校に通いました。夜はその学費を稼ぐために、毎晩遅くまでレストランで働きました。

また休みの日には、街角の壁などにイラストを描くような、請け負いの仕事をして勉強をしていました。加代子さんの目には、そんな隆文さんがとても魅力的に映りました。

二人は愛を育み、その帰結として、気がつくと加代子さんは妊娠していました。ちょうど卒業真近だった彼女は、就職の内定を蹴ってでも、彼との子供を産んで育てたいと思いました。

当然、加代子さんの親は猛反対。隆文さんは、彼女の父親のゆるしを得るために、あきらめずに何度も、彼女の家に足を運びました。根負けした加代子さんの親は、ようやく二人の結婚を認めたのです。

加代子さんは、愛情豊かな夫とかわいい子供に恵まれ、一見幸せな生活を送りはじめたかに見えましたが、そこには大きな落とし穴がありました。それは、夫が定職につかないことでした。

会社をやめた

結婚前の隆文さんは、一日中いろいろな仕事をしていました。いわゆるフリーターでした。それがお金をためてデザイン学校へ通うためなので、加代子さんは応援していました。

ところが、いざ結婚というときに、彼女の両親は、彼に条件を出しました。それは「定職に就くこと」でした。娘を送り出す親の気持ちとしては、当然のことでしょう。生活の安定のないところに、安心して娘を嫁には出せない。まして子供なんてとんでもない……という思いです。隆文さんは、その条件を飲んで、結婚する直前に、ある会社に就職しました。

その会社は、教育機材のメーカーで、彼は営業をやらされました。もちろん彼のつきたい職業ではありません。しかし、加代子さんの両親との約束の期限が迫っていたのでここに決めました。

勤務条件がいいように思えたので、給料のいくらかを貯金して、デザイン学校へ通おうと思っていましたが、仕事のノルマがきつく、また歩合制だった給料はアテにしていた金額より少なかったのです。

隆文さんは会社を辞めました。理由は、アルバイトで働いても、同じくらいのお金は稼げるし、ストレスもたまらないから……というものでした。こうして、結婚前のフリーターの身に逆戻りしたのです。

離婚したい

しかしフリーターに戻ったものの、やはり会社に就職していた時より、収入が落ちたのです。だいいち、アルバイトの身には、ボーナスも保険も退職金もないのです。

もし彼が、体調を崩してアルバイトを減らせば、収入はガタ落ちです。それはモロに生活に響いてきます。またたれかが、病気で医者にかかろうものなら、その月の収支は、とたんに合わなくなります。

このように、買いたいものも買えず、食べたいものも食べられない……というような〝ドン底の生活〟に、しだいに加代子さんは嫌気がさしてきました。

「きちんとした定職についてよ」

と、隆文さんに頼んでも、彼は聞く耳をもちません。逆に、

「じゃあ、おまえが働いてくれよ」

という始末。加代子さんもそう考えましたが、まだ手のかかる小さい子供がいては、今はそれもままなりません。とうとう加代子さんは、

「一緒に住んでいるとつらい」

と思うようになりました。そして今の生活に限界を感じた加代子さんは、ついに離婚という選択肢を思いつきました。

そんなとき、加代子さんはある女性に出会いました。近所に住み、同じく幼い子供をもつ真実子(仮名・三十歳)さんという女性です。彼女は、今話題の〝シングルマザー〟です。結婚はしないで、子供を産んで育てている女性です。

まだ幸せな方?

真実子さんは、ある事情でその男性と結婚できなかったのですが、子供だけは産みたいと心に決め、無事出産をしたのです。そして今は働きながら、一人でがんばって育てているのです。その彼女は、加代子さんに、

「すてきなダンナがいていいじゃない? うらやましいわ」

と言ったのです。加代子さんは、

「……ええ、でも、夢ばかり追って、家庭をかえりみないの。そんな夫がいても、家族はちっとも楽しくないわ」

と彼女に打ち明けました。すると、真実子さんは、

「そう？　結婚できなかったわたしから見たら、愛せる夫がいるだけでも幸せね」

この言葉は、さすがの加代子さんも想像もできなかった答えです。

「彼女から見れば、まだわたしは幸せ……？」

もし自分が真実子さんと同じだったら、子供を一人で産んで育てていけたかどうかわかりません。また、夫が自分と結婚するために払った犠牲について考えたら、夫のことばかりは責められない、むしろ夫には感謝すべきだった……と気づいたのです。

その日から加代子さんは、

「定職に就いて欲しい」

と、夫に言うのはやめました。そして、夫の夢をそっと見守ってあげることにしたのです。生活費の補助にするには取るに足らない額でしたが、こつこつと内職をしてヘソクリもためはじめました。

すると隆文さんは、彼女の変化を見て、

「オレ、夢をあきらめるわけじゃないけど、とりあえず就職するよ。それで金をためる。そしてまたチャレンジだ」

と約束してくれたのです。加代子さんは、ヒントを与えてくれた真実子さんに感謝しました。

これは、マーフィー博士の言葉でいえば、

「他人の心で状況を眺めてみることです。そうすれば真実が見えてくるでしょう」

というものに当てはまります。つまり、感情的な悩みにぶつかったときは、他人(第三者)の立場に立って、ものごとを考えてみなさい、という意味です。

自分よりも、もっと大変な状況のなかで、苦しみながらもがんばっている人はたくさんいるのです。ですから、あきらめてはいけません。

(4) W不倫になってしまったとき

常識人同士の結婚

夫の浮気がきっかけで、妻も不倫をしてしまう……最近は、こういう夫婦の問題も多発しているようです。

藤田薫(仮名・二十九歳)さんは、慶応大学を卒業してすぐに結婚し、今年で六年になる専業主婦です。五歳の子供が一人います。性格は、昔の日本女性タイプです。つまりいつも夫を立て、ちゃんと子育てをする良妻賢母タイプです。

夫の憲治(仮名・三十四歳)さんは、一橋大学を出て都市銀行に勤めるエリート・サラリーマンです。彼は神経がきめ細かく、人あたりのいいタイプ。二人とも教養ある常識人として、似合いのカップルだとだれもが認めていました。

二人の出会いは、学生時代、薫さんがバイトで学習塾の講師をしていたときです。そこの先輩社員が、大学時代の友人であり、まだ彼女のいなかった憲治さんに、彼女を紹介したのです。

二人の交際は順調に進み、家族や同僚や友人に祝福され、つつがなく結婚式をあげることができました。しかし最近、薫さんは、この結婚に疑問を抱きはじめています。

夫の憲治さんは、結婚当初、とにかく薫さんにやさしくしていました。夫婦生活も〝おしどり状態〟でした。ところが、子供ができてから、憲治さんはガラッと変わってしまったのです。つまり薫さんに、もう指一本ふれなくなってしまったのです。

わたしも外に出よう

さらに悪いことに、毎日規則正しかった夫の帰宅時間が、最近は不規則になり、だんだん遅くなりはじめました。

「まさか。浮気とか……」

と、夫を疑っている薫さんは、彼の入浴中に携帯電話のメモリー番号を検索しました。すると、何度も頻繁にかけていると見られるある番号を発見したのです。

薫さんが、その番号にかけてみると、案の定、すぐに女性が電話に出ました。

「やっぱり……。間違いなく夫は浮気している」

と確信した薫さんは、怒るというよりも、なんだか空しい気持ちになっていました。夫に問いただしたところで、否定するに違いないし、万が一認めて詫びられても、自分が悲しくなるだけ……と思った彼女は、夫への追及は一切しないことに決めました。

その代わり、自分も外へ目を向け、夫の気持ちをとり戻せるだけの、魅力的な女性になろうと思い立ったのです。こうして薫さんは、アスレチックジムに通うことにしました。

ところが、それが新たな事態を生み出すことになりました。薫さんは、子供が幼稚園に行っている時間に、ジムに通いました。その時間帯は、ＯＬやサラリーマンがいないため、比較的空いているので、彼女には好都合でした。

一線を越える

こうして、毎日ジムに通っているうちに、薫さんは、何人かと顔見知りになっていました。そんなある日、薫さんがいつものようにジムの後、プールの中を泳いでいると、一人の男性が声をかけてきました。

「足をまっすぐのばすと、もっとフォームがきれいになるよ」

声をかけたのは、橋本勝則(仮名・二十四歳)さんという大学院生でした。彼は高校時代、水泳部でならした美形です。彼は大学院で哲学を専攻していて、将来は大学の先生になりたいという夢をもっています。

こうして毎日のように、薫さんは橋本さんに水泳を習うようになりました。すると彼女の心は、いつしか彼に傾いていきました。ある日のこと、水泳が終わってリラックス・ルームでやすんでいる薫さんのところへ、橋本さんがやってきて、

「食事して帰りませんか？」

と誘いました。まだ早いし、たまには外で食べてもいいか？　と思い、薫さんは、橋本さんと一緒におしゃれなレストラン＆バーに入りました。食事をしながら、橋本さんは、大学院をでて、博士をとって、哲学の教授になる夢を熱っぽく薫さんに語りました。

薫さんも、そんな橋本さんの話に引き入れられるような感じで、彼を見つめました。店を出たところで、二人は雰囲気にまかせて抱擁し、そのあと、ついに一線を越えてしまいました。

それは薫さんにとっては、はじめての熱烈な恋でした。思い起こせば、夫とはアルバイト先の先輩の紹介で知り合い、つき合い始めたのですが、まだ若かったせいか、お互いに燃え上がるような恋をしたわけではなかったのです。薫さんは、

「こんなに熱い気持ちを、夫に対して感じたことがあったろうか？」

と思いました。そして、

「夫とは、本当に愛し合って結婚したわけじゃない」

「夫は不倫している。他の女を愛している。もうわたしには関心がないのだ。しかし彼は、わたしを愛してくれている」

といった感情が、薫さんのからだの中を駆けめぐり、とどまるところを知りません。そして、

「夫だって外に女性がいる。わたしにも愛する男性ができた。もう離婚するのがお互いに

とって、いちばん幸せよ」

という結論に達したのです。

「W不倫という事実では、夫は離婚に同意してくれるかしら？」

という悩みが、薫さんの熱い感情を押さえることもありましたが、

「もとはといえば、夫の浮気が原因。それがくやしくて、わたしの方も恋をしているのに過ぎないのだから、わたしの方は悪くないはず」

と、自分をいくらでも正当化できるのでした。

ある日、薫さんは、ある本屋でふと一冊の本を見つけました。それがマーフィー関係の本でした。

恋という火遊び

その本の中に、

「あなたが悲惨な運命を招いたとき、非難されるべきなのは、あなた以外にはいないのです」

と書いてありました。人間は、プラスの出来事は、自分の手柄にしたがるのに、マイナスの出来事は、人のせいにしがちです。しかし本当は、プラスの出来事を他人のお蔭と考え、マイナスの出来事を、自分が招いたと認めることのできる人間が、勝者になれるので

す。

薫さんはこの法則を、自分の現状に当てはめてみました。

「夫の浮気が原因で、わたしは彼に出会った。これは夫の浮気のお蔭だわ」

「しかし夫は、わたしを養ってくれている。この余裕ある環境でなければ、わたしは彼と恋愛できなかったのも事実」

と考えました。つまり、夫と離婚して、一人で子供を育てながら、果たして彼と熱い恋愛を続けることができるのか、そして彼といずれ再婚することができるのか……と考えつづけました。

そんなとき、あの橋本さんが、同じゼミの女子大生と同棲しているというウワサを、同じジムの知人から聞きました。薫さんの頭のなかは真っ白になりました。しかしほどなくして、

「そうだったの。やっぱり……遊びだったのね。いい年して、わたしはダメね」

と認識しました。こうして薫さんは、自分の〝恋愛ごっこ〟に気づかされました。やがて彼への情熱も、冷めていきました。

薫さんは、離婚をやめました。そしてアスレチックジムに通いだした当初の、

「夫をふり向かせるために、魅力的な女性になる」

という目標を思い出し、あえて女性専用のジムに入会し直しました。そして一人でスト

イックにトレーニングに励みました。

するど今度は、若い恋人ではなく、若い女性の友だちに恵まれるようになりました。すると、自分の気持ちがどんどんと若返っていきました。

薫さんに、昔の魅力が戻ってきました。それと同時に、夫も、以前のように早く帰宅するようになりました。

「なんだか、独身時代のように若返ったんじゃない？　アスレチックのせい？」

といって、夫婦生活が復活しました。どうやら夫の浮気の虫は、これで納まったようです。

マーフィー博士のQ＆A

①夫が自分勝手

Q 夫が自分勝手で困っています。たとえば、勝手に大きな買い物(オーディオ、車など)をしてきたり、自分の都合だけで旅行の日程や場所を決めてしまうのです。反発すると、「俺が決めたんだ。文句を言うな！」とカッとなって怒鳴ります。先日は、アパートの契約更新の時期になったからと、何と一人で賃貸マンションを申し込んできたのです。

こんな身勝手な夫についていくのはもう限界です。幸い、子供はいませんから、離婚を考えた方がいいと思いますが。

A ギャンブルやお酒や女性に溺れたというわけではないのに、身勝手な態度をとり続ける夫というのは、性格的な問題ということになり、ちょっと困りものです。妻としてはもう一緒にいることを考え直したいと思うでしょう。

しかし、もう夫の心を変える手立てはないのでしょうか？　試しにまず、夫の立場に立ってみてはどうでしょうか？

たとえば、あなたの夫は、自分の権力をあなたに見せつけたいのではないでしょうか？　もしそうなら、生活のすべての権限を、夫に委譲してしまったらどうでしょうか？　あなたからは何も決めずに、「あなたの方が適任だから」「あなたは頼りになるから」「わからないから、あなたが決めて」と、どんどん夫に任せてしまうのです。

「それでは、ますます夫の思うツボです！」

と、あなたは思うでしょうか。そうではありません。

「あなたのいう通りにするわ」

という態度を、少しオーバーに示すのです。こうなると、全てを自分に任せられた夫は、はたして喜ぶでしょうか。たぶん、喜ばないでしょう。全てが自分の責任になるのは、できれば避けたいものです。

こうなると、夫は自分のやり方のまずさに気がつき、みずから改めようと思うはずです。ここが重要なのです。マーフィー博士の法則では、夫に説教したり、反発したりしても、夫を変えることは不可能なのです。仮にうまくいったとしても、それは心の中で、夫を人間として尊重していないことになります。

「自分の妻や夫を、自分の好みに変えようなどと思うことは、相手の人格を無視した行為であることを知る必要がある」

というマーフィー博士の言葉は、夫に言動を改めて欲しいと思うのなら、そのことを夫自身に気づかせる必要があることを教えます。肝心なのは、

「夫に、自分の言動が正しくないと気づかせるための手助けと努力をしよう」

という心構えなのです。

第2幕

結婚はドラマだ

(1) 愛憎劇もエンターテイメント

米国TV中継の凄い中身——男と女の凄絶な口論風景

先日の夜中のことです。TVをつけたら、米国のTV番組が流されていました。なんだろう? と思って何気なく見ていると、ある男女のカップル(二人組)と、ある男性(こちらは一人)が、2vs.1で口論しているのです。

「こりゃ、おだやかでない光景だなぁ」

と思って見ていると、もっと驚きました。このカップルは、不倫関係にある二人だったのです。男の方は独身、女の方は人妻でした。

「ほぅ?」

と思ってみていると、この二人が口論している相手の男性(一人)は、なんとこの女性のダンナでした。

「あれまぁ、これはいよいよおだやかじゃないなぁ」

と思ってみていると、やはり多勢に無勢。逃げられた孤独な男性の方が、二人にドンドンやり込まれています。で、なんていってやり込められているのかというと、

「お前がバカだから、女房に逃げられるんだよ！」

というふうにです。つまり、この男性のダメさ加減を、この不倫コンビは、徹底的にあげつらって、ののしっているのです。しかもこの不倫コンビ、かなりの余裕なのか、アツアツぶりを見せつけながらの総口撃です。

「ダメな男は、ダメなんだよ！」

といわんばかり。でもこの女性、少し前までは、このダメ男とベッドを共にしていたんだろう？　と疑問に思いながらも、ＴＶをよく見ていると、なんとこの三人のまわりには、ＴＶ司会者と観客たちがいるのです。

「ほぅ？　ライブですか……」

と感心しながら、また見つづけていると(わたしもヒマですが)、この司会者と観客たちは、明らかにこの不倫カップルの〝肩をもっている〟のです。つまり、このＴＶ番組で、悪役はただ一人。この逃げられたダメ亭主だったのです。

「はぁ〜。なるほどアメリカ的な番組だなぁ」

と感心しながら見ていると、ついにキレたこの夫が、不倫カップルめがけて突進したのです！　しかし哀しいかな。この亭主は、周囲の人間たちに取り押さえられて、見るも無惨な格好をさらしたのです。

そして、この哀れな姿を見ながら、不倫カップルと司会者と観客たちが、

「ギャハハハハハ……」

と大笑いしているのです。これは一種の見せ物ですね。

一般人が、プライベートを切り売りする文化

このTVエンターテイメントが、本物なのか、ヤラセなのか、わたしにはわかりません。しかし、あくまで名目は、夫婦のリアルな愛憎劇を、観衆の面前で見せているわけです。

「強い者が勝つ！」というアメリカ思想にのっとったこの番組にでてきた、あのダメ亭主は、本物でしょうか？　本物だとすれば、もう翌日からは町を歩けないでしょう。ダメな亭主は、村八分というわけなのですね。

ところで、日本でも昨年、似たような番組が話題になりましたね。あれも一種の〝離婚ショー〟のようでしたが、一時〝ヤラセ〟で騒がれましたね。あの番組では、だいたい男が悪者でした。きっと男が全部、悪いんでしょう。

いずれにしても、このようなエンターテイメントは、わかりやすい番組構成とパフォーマンスによって、視聴者に強烈な印象を与えることで、昔からの結婚形態というものを、あるいは男女の役割というものを、木端微塵に粉砕してしまうのにじゅうぶんでしょう。

もう一つ。TVのワイドショーで目についたのが、〝大離婚時代〟とか〝大離婚ブーム〟

がはじまった、という表現です。とくに気になるのが、熟年離婚であり、いわゆるリストラ離婚でしょう。

このリストラ離婚で、いちばん落ち込むのは、当然リストラされた亭主です。なかには自殺する人もいるようです。一方、妻の方は、念願の自立を達成できてもうルンルンのようです。なぜこうまで対照的なのでしょうか？

(2) 主婦、自己実現という舞台に立つ！

主婦の自己実現願望

最近の主婦は、とてもアクティブです。とくに自己表現や自己実現への願望が強く、もしそれが仕事に活かせるものなら、ぜひそうしたいと考えています。

それで、趣味であるなしを問わず、カルチャー・スクールや地域活動が花盛りです。なぜでしょうか？　彼女たちが思うことは、まず自己表現ができること。そしてそれが仕事に活かせること。それで収入があればいうことはありません。

ついでに地域活動、とくにボランティア活動ができれば、彼女たちの自己充足感や満足感は、さらに満たされることになるでしょう。

とにかく、主婦は〝何かしたい！〟のです。最近の流行の言葉に、「妻である前に、母である前に、ひとりの女でありたい」というのがあります。これは女性の人権を主張し、讃えた言葉ですね。あるいは、女性のもつ可能性をしばる限定を取り払うかのような、勇気ある言葉です。

わたしの感覚では、それほど女性が差別されている、というような実感はないのですが、家庭や社会という場において、ある種の偏見があるといわれ、それが差別だということになるようです。

しかしそれは、偏見や差別というより、昔からあった固定観念という方が適当であるように思います。

全部、人権問題に置き換える

最近のドメスティック・バイオレンス（家庭内暴力）でも、人権問題だというふうに片づけられていますが、ちょっと違うんじゃないか？　と思います。

暴力というのは、犯罪であり、それは弱者に対して、一方的にふるわれるものであり、差別というのとは、すこし意味合いが違うからです。

校内暴力というのは、だれかを差別して起こっているわけではないですね。家庭内暴力も、妻や子供を差別して起こっているというよりも、暴力をふるっている本人の精神的破綻から起こっているのではないでしょうか。

それを全部、男性による女性への差別のせいだと考えることで、家庭というものが内包している旧来の男性原理的システムを、根底から否定しようという目論見なのだと思います。

その目論見がいいのか悪いのかは、わたしはわかりませんが、ともかく暴力というのは、だれがやってもいけないし、人権問題というよりも、人道上の問題だと考えた方が、頭の中の整理はつきやすいと思います。

話はわき道にそれましたが、妻や子供への暴力は、それ自体が犯罪なのです。もちろん体罰という教育もあります。しかし暴力をふるうほど、精神的に破綻している人が、暴力をふるえば、それは犯罪です。

わたしは、犯罪を犯す人は、おしなべて〝精神的に破綻している〟と考えています。ですから、判断能力のない精神障害者が、犯罪を犯してよく無罪になるケースがありますが、これに関してはやや疑問のあるところですが、本書ではこの問題はあえて述べません。

(3) 亭主バッシング

夫が家庭にいない風景

「うちの亭主は粗大ゴミ」

という流行り言葉があります。どうして粗大ゴミかというと、デーンと居座って動かないからです。つまりこれは一般的な家庭における日曜日の光景です。

では平日の光景はどうなのでしょうか？　ご存じのように、日本の一般的なサラリーマンは、仕事が忙しくて、平日はあまり家にはいません。

「家にいない」というのは、朝早く家をでて出勤し、夜遅く帰宅することを指しています。これは毎日毎日、残業の連続だという意味もありますが、首都圏のサラリーマンの多くは、だいたい遠距離通勤をしています。

早朝、六時とか六時半に家をでて、二時間以上の通勤時間をかけて出勤する人も多いのです。そしてたとえば、夜八時ころ仕事を終えて、帰宅の途についたとしても、家に帰りつくのは十時過ぎです。

つまり子供が寝ている時間に家をでて、また帰ってくるのです。ですから、実質的に

「お父さんはいないのよ」状態なのです。つまり〝お父さんの不在〟が、日常の家庭の風景なのです。

もちろん、すべてのサラリーマンがそうだとはいいません。近距離通勤ができて、比較的早い時間に帰宅できて、一家団らんを過ごせる人もいるでしょう。そんなうらやましい光景の家庭も、もちろんあります。

しかし、多くのサラリーマンが、父親不在の家庭環境をつくりあげているのです。それで日曜日は、疲れてぐったりしている。ゴロゴロしているのではなく、ぐったりしているのです。

「なにか趣味でももってくれればいいんだけど……」

と嘆く奥さん方も多いですが、趣味よりもなによりも、亭主はみな、疲れ果てているのだとわたしは思います。この亭主の苦労を理解できない家庭は、本当に不幸です。鵜飼いの鵜のように働いて、疲れ果てて羽根を休めようというときに、

〝粗大ゴミ扱い〟されて、ダメな亭主だ……という烙印を押された日には、あまりに亭主は可哀相です。

亭主バッシング

さて、趣味ももたずに、仕事に追われ追われて、定年を迎えた亭主たちが、

「定年後、なにもせずに、家の中にジッとしているのよ。趣味でももって、外に出ていってくれたらいいんだけど……。もう、うっとうしいわよ」

と、邪魔者扱いされるハメになるのは、なんだか淋しい限り。

もっとも、意外なことに、

「お〜い！　お茶！　風呂だ！、メシにするぞ！　寝るぞ」

という昔ながらの封建タイプの亭主も、今だにけっこういますね。とくに医者や官僚、商社マンなど、エリートの世界では、昔ながらの価値観で生きている人が多いようです。また経営者や社長という立場にある人も、多くはそうですね。

まあ、男というのはたわいもない動物で、地位や立場をもつと、途端にいばりはじめたりする生き物のようです。

とはいえ、このような〝封建主義派〟は、現在ではごく少数です。今どき「家長は俺だ」と声高に主張するなど、ほとんど見かけません。また、

「男子、厨房に入るべからず」

というような慣習も、料理好きの男性がふえた今では、もう死語になりつつあります。

たしかに、少し前までは、亭主が厨房に入ってきてウロウロされたら、もう邪魔で仕方がない……とよく奥さん方はいいました。この場合の亭主は、ちゃんと料理をするわけでもなく、なにか〝つまみ〟がないかとウロウロ探し回っている〝動物〟のような存在で

す。

リストラ離婚の主張

このように、平日は家にいないのに、日曜日には家の中を、ウロウロしているかゴロゴロしているだけで、妻にサービスすることもしないし、子供の相手をするでもない……しかも、「俺が一家の大黒柱だ」という態度で、ふんぞり返っているだけ。加えて口数が少ないわりに口うるさい。

このような夫が、リストラ離婚の筆頭候補なのです。

妻は、長年ずっとがまんしてきたのです。このような夫の〝横暴〟に。

「なぜ、女には自由がないのか。家事をやって、子育てをやって、それで終わり？　それがわたしの人生？　わたしひとり、まだ何にも楽しんでない」

「やりたくても、家事や育児で追われ、ずっとできずにがまんしてきたことがある。でも今は、子供も手を離れた。時間の余裕もできた。生活も安定してきた。今度こそ、わたしが旅立つ番だわ！」

ということになります。そして、

「さあ、あなた、この離婚届にハンを押して下さいな」

という申し出。亭主は、「ガーン！」とばかりにショックを受けますが、妻を思いとどまらせる言葉をもたない。ただ呆然とコトの推移を見守っているばかりです。あとに残ったのは、意気消沈した亭主の姿ばかりです。

ある亭主は、

「やっと自由がきたって？　男にだって自由はないよ。朝から夜遅くまで、家族のために、馬車馬のように働いて、自由なんてカケラもないよ。やりたいこと？　できるわけないよ。子供も父親のことをバカにしているし。これで病気で倒れたら、まさに非業の死だよ」

と、訴えました。

要するに、仕事で〝好きなこと〟を、めいっぱいやっている人というのは、男であれ、女であれ、一握りの人間しかいないのです。いえ、仕事に限りません。趣味でも道楽でも、本当に好きなことを、めいっぱいやれている人というのは、いったい何人いるのでしょうか？

人間、だれでもがまんしながら、毎日を過ごしています。それは妻でも夫でも同じでしょう。要するに、妻たちの反乱は、その〝役割の放棄〟なのです。あるいは、旧来のスタイルの破壊でしょうか。

さらに最近の男性の中には、〝主夫願望〟をもつ人がふえています。あくせく外で働くよりは、家事をした方がラクだという思いです。これはある意味で、哀しい現実を示しています。つまり、男たちは疲れ切って、弱り切っているのです。

仕事地獄の毎日を、代わってくれる人がいるなら、もう歓んでその席を譲りたいと思っているのです。彼らにとって仕事とは、生きがいを感じるためにやるのではなく、生活の糧を得るために苦しみながらやるものなのです。

ということは、男性とは、楽園追放の産物なのでしょうか？

(4) 人はなぜ結婚するのか

結婚のリハーサル

「初婚は練習、再婚こそ本番」

という言葉が流行っています。ナルホド……と、一瞬うなずきましたが、どうせなら、練習だから、何回でもやったらいいと思います。

ただ、結婚式や披露宴は、練習期間には、もったいないからやらない方がいいと思います。めんどうだから、婚姻届もだしません。

しかし練習は、練習として、徹底してやればいいでしょう。気に入った相手と同棲するのです。

ただ、生活だけは、結婚生活とまったく同じように営むのです。そうすれば、どこに不都合があるのか、どこに夫婦の不仲の原因があるのか……が、理解されてくると思うのです。つまり、フィクションとしての結婚生活を、しばらくの間、しっかり演じるのです。団地に応募し、賃貸マンションを借り、買い物に行き、リビングをととのえ、家計のやりくりをし……というように、本物の新婚のように生活するのです。いわゆる「練習婚」です。

これなら、途中でイヤになっても、いつでも同棲を解消できます。

とまあ、ＳＦ映画のような話を述べてきましたが、リハーサルを繰り返しているうちに、だんだん〝飽きて〟くるかもしれませんね。

「ああ、もう、めんどうだなぁ……」

と、感じてしまうかもしれません。

やっぱり結婚は、一発勝負の方がいいような気もしますが……。

ブランド婚

基本的に、富も名誉もある男性はモテます。つまり、お金持ちで、地位も権力もある男性です。また、ハンサムな男性もモテます。つまり、ルックスのいいやさ男や、野性的な風貌でバイオレンスな雰囲気をもつ男もモテます。

これは自然界の法則のようです。

一方、生真面目な男はモテません。また、容貌がよくても、生真面目な格好をしている人も、やはりモテません。女性は、アウトローに魅かれるからです。アウトローは、やはりバイオレンスな雰囲気があるからです。

自然界の法則といいましたが、自然のままの、野生の〝女性〟を引きつける、野生の〝男性性〟とは、次のようなことだと思います。体格がよくて力が強く、権力があってかっこいい。これに尽きます。

これが、人類の長い歴史の流れの中で、いろいろな固定観念へと変容していきます。これの行き着く先が〝ブランド婚〟ということになります。

医学の学会には、女性の〝追っかけ〟が大勢いるといいます。若き医者や学者の卵を射止めようと考える女性たちです。医者に限らず、エリートといわれる人たちの集まる会合には、必ず〝追っかけ〟女性たちがいるものです。

これもブランド婚願望といえるでしょう。

有閑マダムの現在

わたしの知り合いに、開業医の奥さんがいます。彼女とご主人との年の差は十歳以上です。彼女が今三十七歳ですから、ご主人の年齢は想像できます。

彼女は、観劇が好きで、宝塚や歌舞伎にはよく通っています。玉三郎のファンクラブにも入っているらしく、もう熱中ぶりは大変なものです。宝塚にもヒイキの女優さんがいるらしく、その女優さんのために、ペンライトで応援までするそうです。

また彼女は、日本舞踊や茶道、長唄、俳句もなかなかの腕前で、よく発表会のチケットを友人・知人に配っています。その招待状がまた、デザイナーも顔負けの、創作的でおしゃれな手紙なのです。

またそれらの趣味には、必然的に〝着物〟が必要になりますが、これも一着や二着の数ではすみません。

またどこか出かけるときには、美容院にいき、ネイル(爪)をキレイに整えます。驚いたのは、ある冬の日、

「今日は、お友だちと〝ふぐ〟パーティーです」

といって、見せてくれた指先(爪)には、〝ふぐ〟がデザインされたネイル・アートがほどこされているのです！　わたしは、ただ絶句するばかりでした。こういう言い方は、適切ではないでしょうが、〝今どきの有閑マダム〟のお遊びは、こんなにおしゃれなのだなぁ？と感心しました。

この奥さん、遊び人かと思いきや、家事もりっぱにこなします。最近、子供さんが中学に入学しましたが、朝五時から起きてお弁当をつくったり、夫のご飯ももちろんちゃんと

こしらえます。

この奥さんのように、夫が医者で経済的に余裕があり、子育ても家事も順調にこなしている人は、ある意味では、理想的な有閑マダムなのでしょう。

こういう生き方に、否定的な意見もありますが、人の生き方はそれぞれです。わたしは否定しません。否定的な意見というのは？

まず、これは〝ブランド婚〟だという考えです。医者の奥さんの座におさまって〝得々としている〟という意見です。

つぎに、典型的な旧・封建的なシステムにもとづく結婚形態だ……という意見です。つまり富も名誉もある夫に、完全に囲われている生き方であり、女性の精神的・経済的な自立という見地からは、いただけないケースだというのです。

しかしわたしには、この奥さんが精神的に〝囲われている〟とは思えません。むしろ悠々自適な生き方をしているようにも思えます。それは経済的に余裕があるからでしょうが、経済的に余裕があるかないかを、一人ひとり問い詰めていったらキリがありません。

ブランド婚は、ハナにかけなければゆるされるようです。

結婚観は、生き方と同じ

しかし、一連の「お受験」騒動に見られるように、人間社会には〝ブランド競争〟というものが、たしかにあります。

以前、「3高」という言葉が流行りました。〝高学歴・高収入・背が高い〟の三つが、女性が結婚相手にのぞむ条件だというのです。

これらは、前の述べた「富も名誉もあり、体格がガッシリで、ケンカも強く、野性的で、ルックスもいい」という、原始時代から女性が引きつけられる〝好男子の条件〟と重なります。

つまり、こういう男の子供を産みたいと願う、種族保存の本能的な欲求に根ざした、広い意味でのブランド婚願望とよぶことができるでしょう。

これらは、現代の〝女性の自立論争〟とは別の次元で、いまだに展開されているのです。こうして考えると、いまや結婚観は、その人の生き方と、同一線上で論じることができるようです。

「妻であり、母である以前に、一人の女でありたい」

という結婚観をもちながら、一個の女性として自立した結婚生活を模索する女性もいれば、ブランド婚に奔走する女性もいます。さまざまです。

専業主婦願望?

さて、近年「専業主婦」という言葉は、死語になったといわれてきましたが、はたしてそうでしょうか？　最近、ちょっと変化があるようです。

つまりキャリア・ウーマンとして、バリバリとやってきた〝できる〟女性たちが、主婦への回帰願望をもちはじめている、という話をよく聞きます。もちろん、これには、現在の不況という要因があるでしょう。

女性のアントレ・プレーナーが、日本では、まだあまり活躍していない現状はそのことを示しています。

しかしこの不況を差し引いても、結婚後も仕事を続ける女性の多くは、ほとんど宿命的に、過酷な状況を背負い込むことになるのです。それはやはり妊娠・出産・育児です。

それらと仕事の両立です。妊娠中の女性が、夜遅くまで仕事をしたり、睡眠不足になることが、お腹の胎児に悪影響を与えるという医学的な報告があるそうです。

そして深夜までやっている託児所です。幼児は眠ることがその仕事です。それを深夜に、親の都合でたたき起こされてはたまりません。

最近は、幼稚園児や小学校の低学年児が居眠りをするといって、睡眠不足が問題になっていますが、これは、両親の生活スタイルに合わせて、子供も夜遅くまで一緒に起きているケースがふえたためといわれています。

ましてシングル・マザーとなると、多忙な母親のサイクルに子供が必然的につき合うことになります。そうまでして仕事をする……これは生活のためでもあるでしょうし、自分の生きがいのためでもあるでしょう。

しかし、家事や育児をしっかりとしつつ、仕事を楽しむ女性もまたいるようです。要するに、本当に夫と顔を合わせたくないのでない限り、主婦をしっかりこなしつつ、仕事もじゅうぶんやる……これができれば問題ないのです。

そのためにどうするべきか、これを亭主とじっくり話し合うことが大事なのです。

終　幕

仲よしこよしの宇宙論

人は、なぜ結婚するのでしょうか？

生命は、その子孫をのこすために、過酷な生存競争を宿命づけられています。つまりこの地上の生命たちは、さまざまな知恵を駆使して、というより、その〝いのち〟を懸けて、子孫の存続とわが子の無事なる成育のために奮闘するのです。

たとえば魚は、その卵の大半が、他の生き物の餌食になってしまうような厳しい環境のなかで、わずかに生き残る者がでるように、と大量の卵を産み落とします。

そしてときに、生き物の親は、子を守るために、みずから犠牲になって天敵の餌食になります。よくTVの生き物番組で、このような献身的な親の奮闘が映され、視聴者の涙をさそいます。

生き物は、最後の瞬間まで、必死で生きようとします。その生物が、子孫を遺すために、みずから犠牲になって死を選びます。この一見、矛盾と見えることが、生命が地球上に誕生して以来、三十数億年、たえることなく営まれてきたことなのです。

つまり、子孫にみずからの種族の生命を託せるのなら、みずからの個体としての生命を替わりに滅ぼすことができる——このような生命の〝原始的な願い〟が、やがて「この子のためなら、わたしの命さえあげよう」というような〝親心〟へと発展していったのではないかと思います。

このような〝親心〟は、強烈な愛の象徴として、昔から、世界中の人々に認識されてきました。ところが、このようなメンタリティーは、つまり〝愛する者のためには、生命さえも惜しまない〟というような心情の源流は、実に右に見たようなところにあるように思うのです。

子育てという大仕事

地球上にすむ無数の生き物を見回しているうち、わたしはあることに気がつきました。わたしが見る限りの話ですが、どうも哺乳類や鳥類などは、じつに立派に〝子育て〟をしているのです。

しかもハンパにしているのではない。まるで一世一代の大仕事のように、というより、その全生命を懸けて、みずからの遺伝子を受け継ぐ〝子〟に〝いのちのバトンタッチ〟を完成させるべく、全生命を燃焼させているかのようです。

一方、〝子〟の方からすれば、ちゃんと子育てをされないと、つまり、生きるためのスキルを、親からちゃんと教育されないままに、大きくなると、幼い動物やヒナ鳥は、たとえ〝からだ〟は成長していても、この先、生き残っていけないかもしれないと思うのです。

小鳥は、親鳥から餌を与えられるだけでなく、飛び方まで学びます。ライオンも象もオオカミも、親(たち)と一緒に行動することで、獲物の捕らえ方を学んでいくのです。こうして、大自然のなかで生き抜いていけるだけの能力をもつ成体（おとな）へと育っていくことになるのです。

人間も、これと同じです。知能の発達している生き物である人間の子供でさえ、生きて行くための技術や知恵を、その親からしっかり学ばねばなりません。

しかし、問題はそれだけではありません。幼児期における、あらゆる周辺の環境が、そのままその子の意識の中に刷り込まれるのです。

これは何を意味するのでしょうか？

子供は、家庭環境を吸収しながら育ちます

夫婦ゲンカの絶えない家庭で育った子供と、夫婦がいつも仲よくしている家庭で育った子供とでは、幼児期の生育環境の違いは歴然でしょう。

もちろん人間は、育った環境で、その人生が決定されるわけではありません。というより、昔は、過酷な環境の中で育った人の中には、経験的に忍耐強く育つため、みずから克己心を起こし、努力奮闘しながら、よりよき運命を切り開いていく人が多い……という認識がありました。

しかし現代は、近年とみに使われる〝トラウマ〟という言葉に代表されるように、幼児期・児童期に受けた〝心の傷〟が、その子の性格や行動を、将来にわたって支配する……

と考えられていますし、また実際そのトラウマが原因で、さまざまな事件が起きています。

逆に、母親からたっぷり「おんぶ」や「だっこ」をしてもらって育った子供は、つまり親からいっぱい愛されて育った子供は、ストレスに強い……という研究報告があるそうです。

子供は〝無地〟です。その無色の生地を、周囲にある環境が、すこしずつ色づけしていくのです。ですから、子供にとっては、その家庭環境というのが、非常に大切になってくるのです。

仲のよい夫婦は、ハタから見ていても感じがいいものです。お互いに思いやりの深い夫婦の間には、やはり思いやりの深い子が育つものです。ところが、周囲の目ばかりを気にして、仮面夫婦を演じているような夫婦は、子供も敏感にその関係をキャッチし、そのように〝演じる子〟に育ってしまいかねないでしょう。

夫婦と家族の意味

生き物は、子孫を無事にのこすために、あらゆる手だてを尽くします。多くの生き物は、集団をつくって行動しています。これは獲物の捕獲や確保の面から考えても合理的なのですが、子孫を無事に守り育てるためにも有効です。

ゾウにしろライオンにしろ、群の中で守られ育ちます。このような集団の最小単位は、「親→子」「親→子→孫」といった形態をもつ〝家族〟です。

そして「親」という形式は、「妻＋夫」というペアでできています。なんだか素粒子みたいですね。もちろん部族社会の中には、酋長が一人でいるのに、妻が一〇人もいるようなケースがあります。しかしこれは、部族の人数をふやすことが、その種族にとって責務である場合があるようです。

ですから、〝つがい〟という言葉が示すように、夫婦というのは基本的に一対一が自然です。コヨーテの夫婦は、死ぬまで〝つがい〟で仲よく暮らすそうです。

基本的に哺乳類は、いっぱい卵を産む生き物と違って、生まれる赤ちゃんの数は少ないのです。というより、単体で生まれます。ですから、何があっても生まれた子を守り育てなければなりません。

こうなると、夫婦はもとより、一族全員で子供を守り育てるぞ、そして子孫を一人でも多くふやすぞ……という意識が芽生えてきても不思議ではありません。家族・一族という考え方の起源は、こういうところにあると思います。

このように考えていくと、人間もまた、自然界の動物の仲間であるという原始的で、基本的な視点に立ち返るとき、夫婦や家族というものを、新たな視点で再発見できるのではないか……とわたしは思います。

相思相愛の思想

『メイド・イン・ヘブン』という洋画がありましたが、あの作品のモチーフは、「天国で結ばれた愛は、いつか地上でも結ばれ、永遠に別れることはない」というものでした。

これは理想の恋愛形態だと思います。近年、ソウル・メイトという言葉が流行りましたが、さしずめ〝魂の結婚〟というところでしょう。昔から「相思相愛」という言葉があります。ご存じのように、お互いに心から愛し合う〝仲のよい〟関係であることをさす言葉です。

わたしは、夫婦でも恋人同士でも、結局はこの「相思相愛」の状態でなかったなら、それは本当のカップルではないと思います。

本当に心からお互いに愛し、愛される二人であるなら、何が起きても二人の関係がグラつくことはありえません。お互いがいつもお互いのことを、第一に思っているわけですから、邪念が入る余地などありません。

どのような嵐が起きようと……雪崩が攻めてこようと、竜巻が向かってこようと、火球が飛んでこようと、二人で力を合わせてこれに対処するはずです。

子育てで問題が起きようが、家柄や習慣が違おうが、趣味が違おうが、嫁いびりが起きようが……二人の愛の結束力の前には、風前の灯火《ともしび》に等しいのです。

ましてや不倫など起きようはずはありません。

逆にいえば、夫婦問題の諸悪の根元は、二人が真の意味で〝相思相愛〟でない、〝仲よし〟でない……というところにあるのです。よく〝あげまん〟とか〝さげまん〟とかいいますが、これもおかしな言葉だと思います。〝魂の固い結び〟こそが二人の愛なのですから、〝あげ〟も〝さげ〟もないのです。つまり一方的でなく、相互に〝あげ合う〟形になるのが本当です。

世間的には、悪いニュースばかりがもてはやされますから、離婚カップルばかりが、事件性があって注目されますが、本当の意味での〝仲よし夫婦〟も、世の中にはたくさんいるのです。

実際、奥さんをめいっぱい愛するご主人もいますし、ご主人に献身的に尽くす奥さんもいます。このような和気あいあいの夫婦像に、ケチをつけるような傾向が、以前はよくありました。民主主義の思想を誤解したのでしょうか。夫に献身なんてナンセンスだ……というふうに。でもケチをつけること自体がナンセンスです。

夫婦は、仲がいいのが理想なのです。

マーフィー博士《はかせ》の夫婦《ふうふ》相談室《そうだんしつ》
――TPO別《べつ》 愛《あい》のトラブル解決法《かいけつほう》

発　行――――平成12年 6月15日　初版発行

著　者――――植西《うえにし》 聰《あきら》<検印省略>

発行者――――中島省治
発行所――――株式会社　日本教文社
東京都港区赤坂9-6-44　〒107-8674
電話　03（3401）9111（代表）
03（3401）9114（編集）
FAX　03（3401）2656（編集）
03（3401）9139（販売）
振替＝00140-4-55519
（ホームページ） http://www.kyobunsha.co.jp/

組　版――――レディバード
印　刷
製　本――――光明社

ISBN4-531-06348-1　Printed in Japan